九七阳光教育系列校本教材

阳光人生生涯规划

主　编：林黎华

副主编：陈红燕　林穗迎　吴晶晶　李锦云

编　委：张志强　邝巧姣　陈江珂　陈湘坚
刘桂珍　郭文彬　赵丽荷　卢明晖
吴智杰　贾佳辰　高明月　刘　孜

校　对：邵美菊

广东高等教育出版社
Guangdong Higher Education Press

·广州·

图书在版编目（CIP）数据

阳光人生·生涯规划 / 林黎华主编. —广州：广东高等教育出版社，2016.1
（九七阳光教育系列校本教材）
ISBN 978-7-5361-5584-8

Ⅰ. ①阳… Ⅱ. ①林… Ⅲ. ①职业选择－中学－教材
Ⅳ. ① G634.931

中国版本图书馆 CIP 数据核字（2016）第 047466 号

广东高等教育出版社出版发行
地址：广州市天河区林和西横路
邮政编码：510500　营销电话：（020）87554152
佛山市迎高彩印有限公司印刷
787 mm × 1 092 mm　16 开本　7.5 印张　170 千字
2016 年 1 月第 1 版　2016 年 1 月第 1 次印刷
定价：25.00 元

升起心中的太阳

海伦·凯勒曾说过："只要朝着阳光，便不会看见阴影。"

为了实现"构建生态型学校，培养阳光青少年"的办学目标，学校在长期文化积淀的基础上提炼出"九七阳光文化价值体系"，进一步明确了"为学生走向健康人生奠基"的办学理念，"善教乐学、全面发展"的教学理念，"崇德健行、厚德笃学"的德育理念，"爱、健、勤、实"的校训，并提出了"九七梦"——把学校建设成为师生的生命乐园、理想学园和幸福校园。"九七阳光文化价值体系"逐渐成为学校师生共同信奉的价值，成为学校师生的精神支柱，成为学校教育教学活动与管理行动的指导原则。

为了培养九七学子的"阳光"品质，展现九七学子的灿烂青春风采，学校在建构"九七生态课程体系"中，有计划地开发《阳光形象·九七有礼》《阳光文化·书香满园》《阳光科技·蓝色海洋》《阳光人生·生涯规划》《阳光课余·活力社团》《阳光体锻·强身健体》《阳光生活·生态食品》等"阳光"系列校本教材。学校希望通过这些校本课程的实施，努力培养和造就一批德、智、体、美、劳全面发展的新时代"九七阳光青少年"——每位学生都像阳光一样明亮：充满理想、热爱生活、朝气蓬勃；像阳光一样灿烂：自信自强、乐观积极、永不放弃；像阳光一样多彩：知识丰富、兴趣广泛、个性鲜明；像阳光一样温暖：品行端正、知足感恩、善于合作；在家做个勤俭自强、尊敬长辈的好子女；在校做个主动学习、全面发展的好学生；在社会做个诚实守信、道德规范的好少年。

最后，愿学校的"阳光"系列校本课程犹如一缕和煦的阳光照进每一位九七学子的心灵；愿每一位九七学子都升起心中的太阳，打造属于自己的阳光灿烂的青春岁月。

阳光少年，祝你一路顺风
你的母亲是幸福
你的父亲是坦诚

你的年华是明媚
你的天质是纯净
羡慕你，新世纪的宠儿
你拥有绚丽的人生
不要做流星、闪电、萤火虫
青春的光辉应明亮、永恒
在这飘雪的日子
让我再送你一程
阳光少年
祝你一路顺风
扬起知识的翅膀
放飞美好的心情

——摘自《阳光少年》

广州市第九十七中学校长 林黎华
2013年9月1日

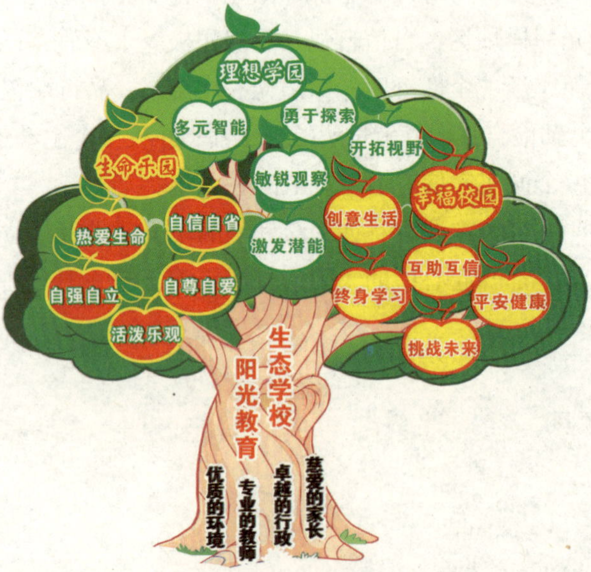

生涯辅导
阳光九七一直在路上

“生涯辅导”课程是我校心理健康教育课程体系中的重要组成部分。我校从20世纪80年代中期起开展职业指导课题研究，90年代中后期全面开展心理健康教育的实践与理论研究，已有近30年历史。目前，已形成系统的心理健康教育。

我校现有2名专职心理教师，并拥有一个有丰富的班级管理经验及团辅工作经验的团辅工作导师团队，他们包括中层行政干部、级长、班主任、科任教师。团队中拥有心理健康教育A证的有10人，拥有B证的有100人，拥有心理咨询师三级证书的有3人。该团队可以独立承担个体辅导，大型师生训练营的策划、组织以及班级活动、小组辅导等方面的团辅工作。

将心理健康教育与德育工作紧密结合是我校教育工作的一大特色。近年来，我校在这方面取得了显著的成绩：2010年我校先后被评为“广州市心理健康教育示范学校”“广州市德育示范学校”“广州市优秀家长学校”。2011年，我校被“海珠区未成年人心理咨询与援助中心”选定为该中心的分部之一。2012年，我校被评为“广东省心理健康教育示范学校”。2013年，我校被评为“广州市示范家长学校”；同年，海珠区政府资助项目“青年地带”驻校社工计划进驻我校，成立专业驻校社工站。

与科研相结合是我校心理健康教育的亮点。我校是广东省“九五”普通教育科研课题规划项目“中小学心理健康教育研究”课题的实验学校，全国教育科学“八五、九五、十五”规划教育部重点课题“职业指导和创业教育的研究与实验”实验学校，全国教育科学“十五”规划教育部重点课题“中学生心理素质的促进对其学业成就的影响”实验学校，全国教育科学“十一五”规划教育部重点课题“团体心理辅导理论应用与推广研究”实验学校，也是广州市教委确定的首批开展中学生心理健康教育的实验试点学校之一。目前我校正在准备“十一五”规划广州市中小学德育研究“97中生涯团体心理辅导研究”课题的结题工作。在科研工作的引领下，我校“生涯辅导”类工作顺利开展，硕果累累。一线教师撰写并发表了一批质量高、有实效的科研论文和教学设计。我校被“职业指导和创业教育的研究与实验”课题组评为“先进实验学校”；我校的“团体心理辅导理论应用与推广研究”课题获总课题组成果评比一等奖、海珠区科研成果评比二等奖。目前，我校正在开展广东省“十二五”规划立项课题“应用教育生态学理论构建生态型学校的实践研究”的研究工作，这些科研成果与科研实践有力地推动“阳光人生 · 生涯规划”特色课程的建设与实施。

“阳光心理品质”，寓意积极、向上，充满正能量。“生涯规划”是指人们对影响自身生涯发展的经济、社会、心理、教育、生理等各种因素的选择和创造。我校的“阳光人生·生涯规划”特色课程就是以令学生能尽早认识自我、认识职业，从而激发其学习动机，挖掘潜能，培养阳光心理品质，提高规划意识与能力为目的的课程，这一课程充分践行了我校“为学生的健康人生奠基”的办学理念。

与高校紧密联系、得到众多专家悉心指导是我校心理健康教育取得累累硕果的有力保证。我校自20世纪90年代开始先后与广东教育学院（现广东第二师范学院）、广州大学、广州市教科所建立良好的关系，王小棉、聂衍刚、王松花、熊少严、梁东标、戴育红等教授、专家亲自参与我校职业指导、团体辅导课题研究，多次来校指导，开讲座。两所高校的心理专业学生每年到学校实习，协助学校开展心理健康教育及学生心理社团活动。此后，我校还聘请了王松花、梁东标（广州市教科所副所长）、汤礼深（海珠区团辅研究中心顾问）、伍建新（香港资深社工、海珠区团辅研究中心顾问）、黄彦燊（香港社区团康活动协会会长、海珠区团辅研究中心顾问）等专家为学生辅导活动专家顾问。伍建新、黄彦燊先生亲自担任三天两夜亲子训练营的训练总监。2013年，我们继续得到华南师范大学专家的支持，广东省中小学心理健康教育指导中心吴发科主任亲自来校指导，这一年，我们还与华南师范大学心理学院签订了共建学生实践基地的协议。2015年，华南师范大学心理学院刘学兰副院长来校指导并欣然为我校校本教材《阳光人生·生涯规划》作序，华南师范大学心理学院协助我校对学生的职业规划现状做问卷调查及分析。

97中生涯团体心理辅导研究课题开题大会

我的青春，我做主——规划未来，开启阳光人生

在高校工作的时候，我总会遇到一些被不喜欢或不擅长的专业所困、对现状苦恼、对未来迷惘的学生。我会尽力帮助他们，但这种帮助有时也会力不从心。每当此时，我就会感叹：如果这些学生能在中学就得到相应的生涯教育和职业指导，他们的大学生活会顺利很多。所以，当我看到广州市第九十七中学编写的这本《阳光人生·生涯规划》校本教材，心里非常欣喜而且感动，欣喜于学校在中学生职业指导和生涯规划领域取得了骄人的成绩，感动于学校领导与教师在这一领域这么多年的付出、坚守与热情。

秉承“为学生的健康人生奠基”的办学理念，广州市第九十七中学一直非常重视心理健康教育工作，不断探索，成绩斐然。心理健康教育是指根据学生的身心发展特点，运用心理学的方法和手段，帮助学生解决成长过程中的心理问题，培养其良好的心理素质，促进其身心和谐发展和素质全面提高的教育活动。它包括发展性教育和补救性教育。所谓发展性教育是有目的、有计划地对学生的心理素质和心理健康进行培养促进，使学生的心理品质不断优化；补救性教育是对心理出现问题的学生进行专门的辅导与帮助，使之恢复到正常状态。学生的心理健康教育，应以发展性教育为主，以补救性教育为辅。广州市第九十七中学的心理健康教育以阳光文化为依托，以职业生涯规划为特色，充分体现了发展性教育的特点。借助于生涯规划，学校把阳光文化价值体系融入学生的一生之中，为学生的未来发展奠定了坚实的基础。

生涯规划是指对影响生涯发展的经济、社会、心理、教育、生理等各种因素的选择和创造，其本质是一个探索、追寻和体验生命意义的过程。职业生涯规划是生涯规划的核心内容之一。职业生涯规划能提高学生自我认识、自我探索、自我创造的能力，有助于学生了解不同职业、确立奋斗目标、建立科学的择业观、获得更大的职业成就，从而创造出属于自己的成功人生。中学生面临着升学就业等人生的重大问题，是开展职业生涯规划的关键时期之一，因此，职业生涯规划应该成为中学教育的一项重要工作，也是心理健康教育工作必不可少的组成部分。

我国中学生的生涯规划教育还处于起步阶段，与社会现实的要求尚有很大距离，在理论研究和实施方面都还处于“职业指导”阶段。即使是职业指导，由于起步晚，加之重知识轻技能的传统教育观念，开展效果也不尽如人意。目前大部分中学都还

没有专职的职业指导人员和系统的职业指导课程。广州市第九十七中学从20世纪80年代中期就开始职业指导的探索，实属难能可贵。这本《阳光人生·生涯规划》折射出学校近30年来探索和努力的过程，读后让人心生敬意。

全书内容丰富，涵盖了自我认识、职业兴趣、职业观、升学指导、初入职场指导、创业指导等多个方面，体例活泼，可读性强，操作性强，注重学生的参与和体验，符合中学生的心理特点和心理健康教育课程的要求。作为校本教材使用，相信学生会受益良多。

期待着广州市第九十七中学的生涯规划教育和心理健康教育迈上新的台阶，也祝愿莘莘学子都拥有一个明亮、灿烂、多彩、温暖的阳光人生！

刘学兰

2015年10月8日于华南师范大学

作者系心理学博士、华南师范大学心理学院副院长、副教授、硕士生导师

刘学兰院长（左三）莅临广州市第九十七中学指导

CONTENTS 目录

九七阳光教育系列校本教材

阳光人生 · 生涯规划

第一课
自我拼图　梦想起航

我是怎样的人？我将来能做什么？我究竟喜欢什么样的生活？我如何才能走向成功？古希腊伟大哲学家苏格拉底的“认识自己”是对想成功的千百万人的忠告。在这个世界上，你到底有多少个竞争对手，有多少种成功的路子，恐怕是难以计算的。但你必须要认清你自己，了解自己的优点和缺点，知道自己该把脚踏向何方，读懂自己，排除掉人生的盲区，你才能真正开始扬帆起航，真正做好自己的职业生涯规划。

第一节　为自己画像

活动卡

请尝试用几句话或几个词语描述自己：

____

____

____

你的老师和朋友认可你这样的描述吗？你觉得这些话或词语足以全面描述你自己吗？

认识自己并不那么简单

认识自己很重要，你有没有想过给自己画像。这种画像不是用笔来完成，而是用你自己的心。自画像，是自己内心的独白，是对自身在社会中的角色的定位和认同。作为人最可贵的，莫过于拥有自由意识、自省习惯和自知的智慧。但人经常受限于内在的个性或外在的环境，因而迷失了自我。今天，你能否敞开心扉与同学们讨论，明白自己究竟是一个怎样的人。当你彻底地读懂自己，便会发现这种意识可以为自己的生活带来革新。

尝试这样正确认识自己

如果让你用一句话形容自己的个性，你会用如下的语言吗？
“我长得有点丑。”
“我很马虎。”
“我胆子很小。”
“我数学很差。”
“我不能专心听课。”
“我特懒。”
“我笨手笨脚。”
“我记性不好。”
“我不会说话，不太合群。”
……

你经常用这样的话形容自己吗？还是从未有过这样的描述？

你认为这样描述自己妥当吗？

上述描述自我的语言，也许是你对过去生活经历的写照，但这无疑是一种消极的态度。习惯性地采用这类语言，表明你虽然也知道这是缺点，却出于惰性而默认它们。面对鲜活多彩的生活，难道你不想尝试一种新的生活状态吗？

同学们可以试试如下方法，或许对我们正确认识自己、转换生活观念有所益处。

（1）你可以承认“我过去曾认为自己……”，但是不要把自己限制在这种界定中，尝试描述一段经历，表明你能用行动证明自己已经从过去的阴影中走出来，完全是一个鲜亮、充满活力的个体。

（2）你可以尝试把上面的句子加一个备注。如：“我胆子很小，但是我做事很谨慎。”“我不很擅长语言表达，也许上天有重大任务交给我思考。”面对自己确实存在的缺点，当然也不能回避，你也可以选出那些最常用的消极的描述性语言，每天消除一个。告诉周围的朋友、同事，你将努力改掉这些缺点，请他们帮助你并时常提醒你。

（3）为自己制定行动目标，从小事做起。比如，你曾认为自己是一个害羞的人，那么不妨主动去结识一个你以前可能不敢主动接触的人。

（4）不要为自己的消极和惰性寻找借口，这是你前进的障碍，用写行为日志的方式记下每天你做自我挫败性标签界定的言行的具体时间和地点，并努力减少这种行为。

每个人的心灵都是一座瑰丽的宝库

画家张大千的故事

张大千，中国近代著名画家，被誉为“当今最负盛名之国画大师”，生于1899年5月10日，原籍广东番禺。张大千的艺术生涯和绘画风格经历了“师古”“师自然”“师心”三个阶段：40岁前“以古人为师”，40岁至60岁之间“以自然为师”，60岁后“以心为师”。

你认为什么是“以心为师”？

查阅资料，了解张大千的传奇人生，议一议他对自身的认知与他的职业成就有何关系。

认识自己，往往能发现许多个“自己”。一个人在各个自我之间进行平等、理性的对话，正是一个人的内省过程，正是一个人的心路从晦暗到敞亮的过程。正如真理愈辩愈明，在各个自我之间的诉说、解释、劝慰乃至激烈的辩论中，人心深处的潜能、智慧和责任感就可能浮出海面。

发现自己的热情、灵感、勇气、创造力、想象力和独特个性，对自己将来的职业生涯有很大的帮助。“我是我自己思考和作为的主人，我的未来是由自己来创造的。我以后一定会成就非凡，为社会做出贡献，因为我对未来充满了健康、乐观和幸福的憧憬，所以我……”你在心里默念这几句话，就可能发现一种不可估测的力量。愿从今天开始，你能以一个全新的面貌，以更自信而坚定的脚步向明天走去。

许多职业咨询机构和心理学专家进行职业咨询和职业规划时常常采用有关5个“W”的思考的模式。从问自己是谁开始，然后顺着问下去，共有5个问题：

（1）Who are you？你是谁？

（2）What do you want？你想干什么？

（3）What can you do？你能干什么？

（4）What does environment support or allow you to do？环境支持或允许你干什么？

（5）What is your ultimate career goal？你最终的职业目标是什么？

回答这五个问题，找到它们的最大共同点，将更有利于自己的职业生涯规划。

关于第一个问题“你是谁”，应该对自己进行一次深刻的反思，有一个比较客观的认识，将优点和缺点一一列出来。

第二个问题“你想干什么”是对自己职业发展的心理趋向的一个检查。每个人在不同阶段的兴趣和目标并不完全一致，有时甚至是完全对立的。但随着年龄和经历的增长而逐渐固定，并最终锁定自己的终身理想。

第三个问题“你能干什么”则是对自己能力与潜力的全面总结，一个人的职业定位最终还要归结于他的能力，而其职业发展空间的大小则取决于自己的潜力。对一个人潜力的了解应该从以下几个方面去认识，如对事的兴趣、做事的韧力、遇事的判断力以及知识结构是否全面、是否及时更新等。

第四个问题“环境支持或允许你干什么”，客观方面的环境支持包括目前生活地方的各种状态，比如经济发展、人事政策、企业制度、职业空间等；主观方面的环境支持包括同事关系、领导态度、亲戚关系等，两方面的因素应该综合起来看。我们在选择职业时常常忽视主观方面的东西，没有将一切有利于自己发展的因素调动起来，从而影响了自己的职业切入点。而在国外通过同事、熟人的引荐找到工作是很正常也是很容易的。当然我们应该知道这和一些不正常的“走后门”等歪门邪道有着本质的区别。这种区别就是这里的环境支持是建立在自己的能力之上的。

明晰了前面四个问题，就会从各个问题中找到对实现有关职业目标有利和不利的条件，列出不利条件最少的、自己想做而且又能够实现的职业目标，那么对于第五个问题“你最终的职业目标是什么”自然就有了一个清楚明了的框架。

最后，将自己的职业生涯计划罗列出来，建立个人发展计划书档案，通过系统的学习、培训，实现就业理想目标：选择一个什么样的单位，预测自己在单位内的职务提升步骤，个人如何从低到高逐级而上。例如从技术员做起，在此基础上努力熟悉业务，提高能力，最终达到技术工程师的理想生涯目标；预测工作范围的变化情况，不同工作对自己的要求以及应对措施；预测可能出现的竞争，如何相处与应对，分析自我提升的可靠途径；如果发展过程中出现偏差，如工作不适应或被解聘，如何改变职业方向；等等。

根据个人的需要和现实变化，不断调整职业发展目标与计划。俗话说，计划赶不上变化。对于自己碰到的问题和环境，需要及时调整发展规划，一成不变的发展规划有时形同虚设。人生成功的秘诀在于机会来临时，你已经准备好了！

机遇对于任何人来说都是平等的，千万别在机遇面前说抱歉。

第二节 我是哪类人

气质类型及其特点

公元 2 世纪古罗马名医盖伦提出了关于人类气质类型的理论。他提出，气质（Temperament）是表现在人们心理活动的强度、速度、灵活性与指向性等方面的一种稳定的心理特征，主要表现在情绪体验的快慢、强弱、表现的隐显以及动作的灵敏或迟钝等方面，与日常生活中人们所说的“脾气”“性格”“性情”等含义相近。

千百年来，气质心理学得到了迅速的发展，心理学根据气质是人的高级神经活动类型的特点和其在行为方式上的表现，揭示出人的气质可分为四种类型，即胆汁质（兴奋型）、多血质（活泼型）、黏液质（安静型）和抑郁质（抑制型）。人们在日常生活中能观察到这四种气质类型的典型代表。活泼、好动、敏感、反应迅速、喜欢与人交往、注意力容易转移、兴趣容易变换等，是多血质的特征。直率、热情、精力旺盛、易于冲动、心境变换剧烈等，是胆汁质的特征。安静、稳重、反应缓慢、沉默寡言、情绪不易外露、注意力稳定但又难以转移、善于忍耐等，是黏液质的特征。孤僻、行动迟缓、体验深刻、善于觉察别人不易觉察到的细小事物等，是抑郁质的特征。这四种气质类型曾被许多学者所采纳，并沿用至今。

虽然了解自己的气质类型很重要，但气质类型并不能决定一个人的成就，任何气质类型的人只要经过自己的努力都可能在不同领域中取得成就。气质类型不能决定一个人的社会活动价值和成就的高低。据研究，俄国著名的四位作家就是四种气质的代表，普希金具有明显的胆汁质特征，赫尔岑具有多血质的特征，克雷洛夫属于黏液质，而果戈理则属于抑郁质。气质类型各不相同，却并不影响他们在文学上取得杰出的成就。

一个人只要认定自己是个什么样的人，就要坚定不移地走下去，不管别人怎么看待和评论自己。问题的关键在于，自己对自己的认定是否准确无误。如果自我认定错了，这种错误的认定必将严重影响、困扰自己的一生。

典型气质与职业选择的关系

根据国外职业分类规范和国内心理学界的研究成果，职业气质可以分为以下 12 种类型。

1. **变化型：**这些人在新的、意外的活动或工作环境中感到愉快，喜欢工作内容经常有些变化。在有压力的情况下，他们的工作往往很出色。他们追求多样化的活动，善于将注意力从一件事情转移到另一件事情上。较适合的职业有记者、推销员、采购员、演员、消防员等。

2. **重复型：**这些人适合连续不断地从事同样的工作，喜欢按照一个机械的、别人安排好的计划和进度办事，爱好重复的、有计划的、有标准的工作。较适合的职业有纺织工、印刷工、装配工、电影放映员、机械工、中小学教师等。

3. **服从型：**这些人喜欢按别人的指示办事，不愿意自己独立做出决策，而喜欢让他人对自己的工作负起责任。较适合的职业有秘书、办公室职员、翻译人员等。

4. **独立型：**这些人喜欢计划自己的活动和指导别人的活动，在独立的和负有职责的工作环境中感到愉快，喜欢对将要发生的事情做出预测。较适合的职业有管理人员、律师、警察、侦察人员等。

5. **协作型：**这些人在与人协作工作时感到愉快，善于让别人按自己的意愿办事，也能按别人的意愿办事，很想得到同事们的喜欢。较适合的职业有社会工作者、咨询人员等。

6. **孤独型：**这些人喜欢单独工作，不愿与人交往，较适合的职业有校对、排版、雕刻等。

7. **劝服型：**这些人喜欢设法使别人同意自己的观点，一般通过谈话、写作来表达思想，对别人的反应有较强的判断力，且善于影响他人的态度、观点和判断。较适合的职业有政治辅导员、行政人员、作家、宣传工作者等。

8. **机智型：**这些人在紧张和危险的情况下能很好地执行任务，在危险情况下能自我控制，镇定自如；在发生意外的情况下工作得很出色；当事情出现了差错也不易惊慌。较适合的职业有驾驶员、飞行员、消防员、救生员、潜水员等。

9. **经验决策型：**这些人喜欢根据自己的经验做出判断，当别人犹豫不决时，他们能当机立断，做出决定；喜欢处理那些能直接经历或感觉到的事情，在必要时，用直接经验和直觉来解决问题。较适合的职业如采购、供应、批发、推销、个体商贩等。

10. **事实决策型：**这些人喜欢根据事实做出决定，根据充分的证据来下结论，喜欢使用调查、测验、统计数

据来说明问题、引出结论。较适合的职业如化验员、检验员、自然科学研究者等。

11. 自我表现型：这些人喜欢表现自己的爱好和个性，喜欢根据自己的感情来做出抉择，通过自己的工作来表达自己的理想。较适合的职业如演员、诗人、音乐家和画家等。

12. 严谨型：这些人注意细节的精确，按一套规则和步骤尽可能地将工作做得完美。较适合的职业如会计、出纳、统计和档案管理员等。

在一些特殊的职业中（例如飞机驾驶员、宇航员、大型动力系统调度员或运动员等），要能承受高度的身心紧张，要求人们有极其灵敏的反应，敢于冒险和临危不惧，对人的气质特性提出特定的要求。在这种情况下，气质的特性影响着一个人是否适合于从事该种职业。因此在培训这类职业的工作人员时应当测定人的气质特性。这是职业选择和淘汰的根据之一。

所以说气质虽然在人的实践活动中不起决定作用，但有一定的影响作用。气质不仅影响所进行活动的性质，而且可能影响活动的效率。要求做出迅速、灵活反应的工作对于多血质和胆汁质的人来说较为合适，而黏液质和抑郁质的人则较难适应。反之，对黏液质、抑郁质的人而言较为适合持久、细致的工作，而多血质、胆汁质的人又较难适应。

气质类型与职业选择有一定的关联。每一个学生在规划自己的职业生涯时应从自己的实际气质特征出发，认真考察职业气质要求与自身特征的对应关系，选择那些能使自己气质类型的积极方面得到发挥的职业与岗位，扬长避短。

测试你的气质类型

请认真阅读下列各题。对于每一题，你认为非常符合自己情况的，在前面方框里填上“＋2”；比较符合的填“＋1”；拿不准的填“0”；比较不符合的填“－1”；完全不符合的填“－2”。

□ 1. 做事力求稳妥，不做无把握的事。

□ 2. 遇到可气的事就怒不可遏，想把心里话全说出来才痛快。

□ 3. 宁肯一个人干事，也不愿很多人在一起。

□ 4. 到了一个新环境很快就能适应。

□ 5. 厌恶那些强烈的刺激，如尖叫、噪音、危险的镜头等。

□ 6. 和他人争吵时，总是先发制人，喜欢挑衅。

□ 7. 喜欢安静的环境。

□ 8. 擅长与人交往。
□ 9. 羡慕那种能克制自己感情的人。
□ 10. 生活有规律，很少违反作息制度。
□ 11. 在多数情况下情绪是乐观的。
□ 12. 碰到陌生人觉得很拘束。
□ 13. 遇到令人气愤的事，能很好地自我克制。
□ 14. 做事总是有旺盛的精力。
□ 15. 遇到问题常常举棋不定，优柔寡断。
□ 16. 在人多时从不觉得过分拘束。
□ 17. 情绪高昂时，觉得干什么都有趣；情绪低落时，又觉得做什么都没有意思。
□ 18. 当注意力集中于一件事时，别的事很难使我分心。
□ 19. 理解问题总比别人快。
□ 20. 遇到危险情境，常有一种极度恐惧感。
□ 21. 对学习、工作、事业怀有很高的热情。
□ 22. 能够长时间做枯燥、单调的工作。
□ 23. 感兴趣的事情，干起来劲头十足，否则就不想干。
□ 24. 一点小事就能引起很大的情绪波动。
□ 25. 讨厌做那种需要耐心、细致的工作。
□ 26. 与人交往不卑不亢。
□ 27. 喜欢参加热烈的活动。
□ 28. 爱看感情细腻、描写人物内心活动的文学作品。
□ 29. 工作、学习的时间长了，常感到厌倦。
□ 30. 不喜欢长时间谈论一个问题，愿意动手实操。
□ 31. 宁愿侃侃而谈，不愿窃窃私语。
□ 32. 别人总是说我闷闷不乐。
□ 33. 理解问题常比别人慢些。
□ 34. 疲倦时只要短暂地休息就能精神抖擞，重新投入工作。
□ 35. 心里有话宁愿自己想，不愿说出来。
□ 36. 认准一个目标就希望尽快实现，不达目的，誓不罢休。
□ 37. 学习、工作同样的时间后，常比别人更疲倦。
□ 38. 做事有些莽撞，常常不考虑后果。
□ 39. 老师讲授知识时，总希望他讲得慢些，多重复几遍。

☐ 40. 能够很快忘记那些不愉快的事情。
☐ 41. 做作业或完成一件工作总比别人花的时间多。
☐ 42. 喜欢运动量大的体育运动或参加各种文艺活动。
☐ 43. 不能很快地把注意力从一件事转移到另一件事上去。
☐ 44. 接受一个任务后，就希望把它迅速解决掉。
☐ 45. 认为墨守成规比冒风险强些。
☐ 46. 能够同时注意几件事物。
☐ 47. 当我烦闷的时候，别人很难使我高兴起来。
☐ 48. 爱看情节起伏跌宕、激动人心的小说。
☐ 49. 对工作抱认真严谨、始终一贯的态度。
☐ 50. 和周围的人的关系总是相处不好。
☐ 51. 喜欢复习学过的知识，重复做熟练的工作。
☐ 52. 希望从事变化大、花样多的工作。
☐ 53. 小时候会背的诗歌，现在似乎比别人记得清楚。
☐ 54. 别人总说我“出语伤人”，可我并不觉得这样。
☐ 55. 在体育活动中，常因反应慢而落后。
☐ 56. 反应敏捷、机智。
☐ 57. 喜欢从事有条理而又不甚麻烦的工作。
☐ 58. 兴奋的事常使我失眠。
☐ 59. 常常听不懂老师讲的新概念，或是当时听懂了但在考试时却想不起来。
☐ 60. 假如工作枯燥无味，马上就会情绪低落。

根据各种气质的得分，算出自己属于哪种气质类型。

◆各题所属的气质类型是：

胆汁质：2、6、9、14、17、21、27、31、36、38、42、48、50、54、59

多血质：4、8、11、16、19、23、25、29、34、40、44、46、52、56、60

黏液质：1、7、10、13、18、22、26、30、33、39、43、45、49、55、57

抑郁质：3、5、12、15、20、24、28、32、35、37、41、47、51、53、58

计分标准是：如果某一种气质的得分比其他三种类型的得分都明显要高（高出 4 分以上）者，则可定为该气质类型；如果两种气质类型的得分接近（二者之差不超过 3 分）且明显高于其他两种类型（高出 4 分以上）者，则可定为两种气质的混合型；如果三种气质类型均高于第四种类型的得分且相接近者，则为三种气质的混合型。因此，可能有以下 13 种气质类型。

1. 胆汁质；2. 多血质；3. 黏液质；4. 抑郁质；5. 胆汁质—多血质；6. 多血质—黏液质；7. 黏液质—抑郁质；8. 胆汁质—抑郁质；9. 胆汁质—多血质—黏液质；10. 多血质—黏液质—抑郁质；11. 胆汁质—多血质—抑郁质；12. 胆汁质—黏液质—抑郁质；13. 胆汁质—多血质—黏液质—抑郁质。

思考与讨论

1. 从小到大你在班级中担任过哪些职务？你喜欢哪些职务？不喜欢哪些职务？并具体说明为什么。通过学习你认为这对于你的职业生涯有什么帮助？

2. 你最崇拜/敬佩的人是谁？他/她是怎样选择他/她的职业的？他/她对你产生了什么影响？你认为自己哪一点与他/她最相像？

第二课
成功殿堂　特长登场

中国有句谚语："三百六十行，行行出状元。"社会的发展需要各行各业各个层次的人，也不是所有的成功人士都是全能的人。被称为"世界发明之王"的爱迪生，童年时代被老师称为"笨蛋"，被医生认为"脑子坏了"；大数学家陈景润精通数理、满腹经纶，但作为老师却拙于言辞，上不了讲台。

阿基米德曾说过："给我一个支点，我能撬起整个地球。"对于成功来说，特长就是支点！高中生正处在人生的关键时期，即将开始社会征程，只有明确自身优势，找准自己的位置，才能走进成功的殿堂，到达人生的顶峰。

第一节　成功的品质

成功需要的品质

人生在世，人人都有理想，都有成功的欲望，但是为何到最后，成功的人只占少数？为什么不是所有的人都能成功？成功需要什么样的品质呢？

名人名言

要想获得成功，应当以恒心为友，以经验为顾问，以耐心为兄弟，以希望为守护者。——爱默生

小组活动——砌塔

1. 活动规则

（1）利用所发材料砌一座塔，不能借助其他东西进行支撑；

（2）塔身高度不能低于 10 cm，越高越好；

（3）所砌的塔要能承受一本语文书的重量；

（4）完成任务的小组请举手示意，让老师进行计时及测量；

（5）能最快砌出所要求的塔（又高又稳）的小组为优胜组。

2. 活动分享

活动卡

①接到任务时你有什么想法？

______

②你采用了什么方法来完成任务？完成任务的步骤？

______

③是什么因素促使小组完成任务的？

______

④在活动过程中，组员都抱着怎样的态度去解决问题的？

______

⑤活动成功/失败后的感受是什么？有哪些是以后可以改进的？

______

教师寄语

1. 当人遇到困难时，许多反应都是正常的。

2. 面对困难时，应竭尽所能，积极面对。

3. 解决问题、获得成功的理想态度包括：乐观、开放、积极、坚持。

4. 解决问题要善于思考，寻找正确的方法。

5. 有些问题，非一人之力可以解决，即使有独立解决问题能力的人，往往亦需要与他人合作。

6. 很多时候，最终仍要靠自己去面对并处理问题。

7. 失败了，不要紧，检讨失败的原因，改进方法，再做尝试，终会有所收获。

人们每天都会遇到各种大大小小的问题，可以利用今天所了解到的成功的品质，抱着理想的解难态度，勇敢面对并解决问题。这样，便能增强我们解决困难的能力，使我们成为强者。

歌词欣赏——《真心英雄》

在我心中，曾经有一个梦，要用歌声让你忘了所有的痛。
灿烂星空，谁是真的英雄，平凡的人们给我最多感动。
再没有恨，也没有了痛，但愿人间处处都有爱的影踪。
用我们的歌，换你真心笑容，祝福你的人生从此与众不同。
把握生命里的每一分钟，全力以赴我们心中的梦。
不经历风雨，怎么见彩虹，没有人能随随便便成功。
把握生命里的每一次感动，和心爱的朋友热情相拥。
让真心的话和开心的泪，在你我的心里流动。

第二节　我有我特长

活动卡

①你的偶像是谁？他（她）从事的职业是什么？

____

____

②你认为他（她）在哪一方面的才能最突出？

____

____

多元智能理论

“多元智能理论”（The Theory of Multiple Intelligences），是由美国哈佛大学的霍华德·加德纳教授所提出的。加德纳教授认为人类的智能是多元化的，每一个人都拥有包含语言智能、数理逻辑智能、空间智能、身体—运动智能、音乐智能、人际智能、内省智能和自然探索智能等八种主要智能。

1. 语言智能（Linguistic Intelligence）

语言智能主要是指有效地运用口头语言及文字表达自己的思想并与人交流的能力。其主要表现为能灵活掌握语音、语义、语法，具备用言语思维、用言语表达和欣赏语言深层内涵的能力，能把它们结合在一起并运用自如。这种智能在政治活动家、节目主持人、律师、演说家、编辑、作家、记者、教师等职业上有更加突出的表现。

2. 数理逻辑智能（Logical-Mathematical Intelligence）

数理逻辑智能是指有效地计算、测量、推理、归纳、分类，并进行复杂数学运算的能力。这项智能对逻辑的方式和关系、陈述和主张、功能及其他相关的抽象概念的敏感性较高。从事与数学有关工作的人，如科学家、会计师、统计学家、工程师、电脑软件研发人员等特别需要这种智能。

3. 空间智能（Spatial Intelligence）

空间智能是指能准确感知视觉空间并且能把所知觉到的形象以图画的形式表现出来的能力。这项智能表现为对色彩、线条、形状、形式、空间及它们之间关系的敏感性很高。室内设计师、建筑师、摄影师、画家、飞行员等都有这种智能优势。

4. 身体—运动智能（Bodily-Kinesthetic Intelligence）

身体—运动智能是指善于运用整个身体来表达思想和情感，及运用双手灵巧地制作或操作物体的能力。这项智能包括特殊的身体技巧，如平衡、协调、敏捷、力量、弹性和速度以及由触觉所引起的能力。运动员、演员、舞蹈家、外科医生、宝石匠、机械师等都有这种智能优势。

5. 音乐智能（Musical Intelligence）

音乐智能是指人敏锐地感知音调、旋律、节奏、音色等能力，表现为个人对音乐节奏、音调、旋律或音色的敏感，以及与生俱来的音乐天赋，较高的表演、创作及思考音乐的能力。这种智能在歌唱家、作曲家、指挥家、音乐评论家、调琴师等人员那里都有出色的表现。

6. 人际智能（Interpersonal Intelligence）

人际智能是指能很好地理解别人并与人交往的能力。这项智能包括善于察觉他人的情绪、情感，体会他人的感觉、感受，辨别不同人际关系的暗示以及对这些暗示做出适当反应的能力。政治家、外交家、领导者、心理咨询师、公关人员、推销人员等特别需要这种智能。

7. 内省智能（Intrapersonal Intelligence）

内省智能是指能自我认识和有自知之明并据此做出适当行为的能力。这项智能能够认识自己的长处和短处，意识到自己的兴趣爱好，控制好情绪、意向、脾气和欲望，拥有独立思考的能力。这种智能在哲学家、政治家、思想家、心理学家等人员那里都有出色的表现。

8. 自然探索智能（Naturalist Intelligence）

自然探索智能是指善于观察自然界中的各种事物，对物体进行辨别和分类的能力。这项智能使人有着强烈的好奇心和求知欲，有着敏锐的观察能力，能了解各种事物的细微差别。这种智能在天文学家、生物学家、地质学家、考古学家、环境设计师等人员那里都有出色的表现。

关于多元智能，需要注意以下几个重要观点：

第一，多元智能中的八种智能彼此独立，一种智能很好，另一种智能却可能很差，很少有人能样样突出。

第二，每一种智能的发展都有一定的年龄关键期，过了年龄关键期要去发展就很难。比如说，音乐要在小时候培养，年龄过大就很难学好；但属于空间智能的绘画，不论年纪多大都可能学好。

第三，每个人各种智能的先天潜质不同。比如，有些人语言智能和音乐智能很强，但是社交智能却特别弱。通过多元智能理论的评价体系，可以找出每一个人的最佳智能。

第四，对儿童多元智能的评价，不是为了区分儿童的优劣，而是为了发现每个儿童的智能潜力和特点，识别并培养他们不同于他人的智能和兴趣，为他们提供一条建立自我价值感的有效途径，从而帮助他们去实现富有个性特色的发展。

第五，通过评估找出优势智能，可以帮助人们获得最佳学习方式。比如说，语言智能强的人，可以使用背诵的方式来记忆；但对于身体—运动智能强而语言智能弱的人来说，可能无法静下心来背书，而使用连动带唱的方式来背诵比较有效。

天生我材必有用，试根据“多元智能理论”分析自我特长，完成下表。

活动卡

①“多元智能理论”所概括的八种智能中，你的优势智能是哪两种？

______

② 对这两种智能要求的职业中，你最喜欢哪两类职业？能说出从事该两类职业的典型人物吗？

______

职业活动兴趣特长

与职业生涯规划相关的个人客观条件主要包括：自己的兴趣、爱好、性格、能力、气质等。在职业定位过程中要考虑自身气质与职业的匹配、性格与职业的匹配、特长与职业的匹配、能力与职业的匹配等。

世界上的职业可以说有千万种，看似千头万绪、杂乱无章，但心理学家已通过多年的研究，发现了将这些职业归类的方法，比如有些职业要求从业者喜欢与人打交道，像企业中的公关人员；有些职业要求从业者喜欢钻研思考，像科研人员；有些职业要求从业者喜欢感性创造，比如画家等。

我们可以把职业活动兴趣特长分成以下九个方面。

（1）喜欢使用工具。有些人喜欢借助于技能、操作方法与工具、机器等打交道，如机械师、电脑组装与维护人员等。

（2）喜欢感性创造。有的人喜欢想象，并加以具体化地制作或创造某种东西，具有创造力，如画家、作家、建筑师等。

（3）喜欢表现自己。有的人喜欢引人注目，展示自己的特长，如演员、模特、主持人等。

（4）喜欢控制与影响。有的人喜欢管理或经营活动，对整个事件或他人产生影响，如企业顾问、销售人员等。

（5）喜欢帮助别人。有的人喜欢帮助他人，为他人提供支持，如护士、教师等。

（6）喜欢计划与细节。有的人喜欢有计划和规则，希望遵照既定的安排完成工作任务，关注细节或数据，如会计、审计师等。

（7）喜欢挑战冒险。有的人喜欢接受有挑战性、有风险性的活动，如登山运动员等。

（8）喜欢与人打交道。有的人喜欢与人沟通、与人接触的活动，如公关人员、人事主管等。

（9）喜欢钻研思考。有的人喜欢运用分析与推理，花工夫进行思考和深度研究的工作，如哲学家、投资分析家等。

思考与讨论

请利用业余时间，查阅资料，看看你最喜欢的职业的日常工作内容是什么？哪所大学该专业比较有名？结合自己的特长，你认为最适合自己的职业是什么？

第三课
人生剧场　演绎梦想

职业生涯规划的第一步，就是全面认识自己。认识自己的兴趣、能力、个性和价值观。只有正确认识自己，才有可能做好职业生涯规划。我们每一个人都是独一无二的，我们每个人都有内心的渴望。现在，和我一起，发现你内心的渴望吧，找到你真正想做的事情，让你的人生，因为有了内心渴望的驱动而更加绚丽多彩！

第一节　我的职业兴趣

案例链接

美国一心理学家曾问哈佛大学MBA专业的毕业生：“你们马上就要毕业进入职场了，那么，你们会根据什么来选择自己的职业呢？”

结果，有七成的人回答，根据他们所学的专业来选择职业。另外三成的人说，他们会根据自己的兴趣来选择职业。

五年后，该心理学家再次对他们进行追踪，发现其中最成功的、最出色的人都是当初说要根据自己的兴趣爱好选择工作的人。

上述案例说明了什么呢？说明你在寻找工作方向时，兴趣比专业更为重要！

如果我们早有规划，在选择专业的时候，就能将自己的专业和兴趣结合起来，岂不更好？

人生短暂，我们没有必要去做那些自己不感兴趣的事情！一个人如果能根据自己的兴趣爱好去选择职业，他的工作主动性将会得到充分的发挥。即使自己十分疲倦和辛苦，在工作时也总是兴致勃勃、心情愉快；即使工作过程中困难重重，也绝不灰心丧气，他会想尽各种办法，百折不挠地去克服它，甚至对工作废寝忘食、如痴如醉。

爱迪生就几乎每天都在他的实验室里辛苦地工作 18 个小时，在那里吃饭、睡觉，但他丝毫不觉得辛苦。“我一生中从未做过一天工作，”他宣称，“我每天都是乐趣无穷。”

因此，在选择长期、稳定的职业时，不仅需要知道自己有能力从事什么样的工作，更重要的是需要知道自己对哪类工作感兴趣。只有将能力和兴趣结合起来考虑，才更有可能规划好职业生涯并取得事业的成功。

我的职业兴趣在哪里?

你知道你的职业兴趣在哪里吗?如果你对自己的职业兴趣还不是很清楚，试着问自己下面这些问题，看能否通过对这些问题的回答来找到自己的职业兴趣。

①你在业余时间比较喜欢的休闲活动是：

____

②你参加的社团、俱乐部等组织是：

____

③你比较喜欢登录的网站是：

____

④你比较喜欢的电视节目是：

____

⑤你比较喜欢的报刊是：

____

⑥平时你与好朋友聊天的话题主要是：

____

⑦你所读过的对自己有较大影响的书是：

____

你是否大致知道了自己的职业兴趣所在?你是否能根据自己的职业兴趣找到自己非常喜欢的职业?如果有，请按照你喜欢的程度由高到低依次写下来。

①____________；②____________；③____________。

如果没有，也不用着急。下面，让我们从生活中的小事寻找自己的兴趣吧。

逛书店，找兴趣

从自己喜欢看的书籍、杂志中，看看哪些事物会吸引自己，也许从中可以发现自己的兴趣，也许可以找到自己未来的职业方向。具体做法如下：

活动卡

①到大书店（如广州购书中心）翻阅杂志，或上网到网络书店瞧瞧，找出自己感兴趣的图书类别。

②找出自己最喜欢的五本书，并写出这些书籍吸引你的原因。

勾选自己喜欢的图书类别

□书法篆刻	□数理化生	□农业科学	□工业技术	□建筑工程	□语言学习	□中外文学
□自然科学	□应用科学	□观光旅游	□财经企管	□考试用书	□社会科学	□心理励志
□医疗保健	□家庭百科	□休闲娱乐	□艺术摄影	□舞蹈戏剧	□语言文字	□漫画书籍
□经典著作	□政治法律	□军事科学	□历史地理	□文化教育	□美术雕塑	□哲学宗教
□少儿图书	□音乐体育	□计算机网络				

我最喜欢的五本书籍或杂志是：

1. ____________，原因：____________________
2. ____________，原因：____________________
3. ____________，原因：____________________
4. ____________，原因：____________________
5. ____________，原因：____________________

在阅读的过程中，我发现了自己喜欢的职业：____________________

我喜欢该职业的原因是：____________________

名人堂

如何发现自己的兴趣

李开复

破灭的哈佛、法律、数学梦

上大学前，我的梦想是做一个哈佛人。我有这样一个梦想，一是因为那个梦想笼罩着哈佛大学的光环，二是因为我一直把学习法律当作自己的目标，并把学习数学当作备选，而哈佛大学的这两个专业都是全美国最好的。1979 年 4 月，一封拒绝信打破了我的这个梦想。至于原因，估计是因为我的 SAT（学术能力评估测试，俗称“美国高考”）英语成绩太差了，只有 550 分。

在申请大学的时候，我清楚地知道自身条件有不足之处，不能保证一定能上哪所大学，所以我一共申请了 12 所学校，只有这样，我觉得才能把主动权掌握在自己手里。回想当时，我的老师们可能都快恨死我了，因为申请大学的材料中需要老师给学生写的推荐信，而对于我，他们要一下子写那么多份（当时没有电脑，每封推荐信都需要老师亲手写）。

最后，我进入了哥伦比亚大学（后面简称“哥大”），这是一所很好的学校，法律系和数学系也很有名。哥伦比亚大学给了学生很大的发展空间，允许学生学习的课程范围很广。大一的时候，我大部分时间都在学习美术、历史、音乐、哲学等专业的课程，学习到了很多东西，我觉得这是找到自己兴趣所在的机会。直到今天，我还记得哥大哲学系的一个老教授说的话："知道什么是make a difference吗？想象有两个世界，一个世界中有你，一个世界中没有你，让两者的difference最大，这就是你一生的意义。"

再来说说我的哥大法律梦。当时，我主要学习的是"政治科学（political science）"，属于一种"法学博士预科（The Doctor of pre-law）"的专业。但是，上了几门"政治科学"的课后，我发现自己对此毫无兴趣，每天都打不起精神来上课，十分苦恼。其中一门课实在太枯燥，我基本上每堂课都在睡觉，唯一的选择是在教室里睡还是在宿舍里睡。睡到学期过半后，我的平均成绩勉强够得一个C，我赶在限期的前一天把这门课退掉，才避免了因为平均分不到3.0导致助学金被取消的灾难。

当我向家人提起学习法律的苦闷时，他们都鼓励我转系。姐姐说："你不是高中时就把大二的数学读完了，还得了全州数学冠军吗，怎么不转去数学系？"但是，这又让我碰到了第二个烦恼。进入大学后，学校就安排我加入了一个"数学天才班"，那里集中了哥大所有的数学尖子，一个班只有七个人。但很快，我就发现自己的数学突然由"最好的"变成"最差的"了。这时，我才意识到，我虽然是"全州冠军"，但是我所在的州是被称为"乡下"的田纳西州，而当我遇到了这些来自加州或纽约州的真正的"数学天才"时，我不但技不如人，连问问题时都胆怯了，生怕我的同学看出我这个"全州冠军"的真正水平并不怎么样。这么一来，我就越来越落后，到今天我对这门课还是"半懂不懂"（这又是一个"沉默不是金"的证明）。当我上完这门课后，我深深地体会到那些"数学天才"们都是因为"数学之美"而为它痴迷，但我却并非如此。一方面，我羡慕他们找到了最爱；另一方面，我遗憾地发现，自己既不是一个数学天才，也不会为了它的"美"而痴迷，因为我不希望我一生的意义就是为了理解数学之美。

就这样，我与我向往的哈佛、选择的法律、自豪的数学一一挥别。

因为懂计算机成了校园里的牛人

失去了哈佛、法律、数学，我的未来之路将通往何方？幸好还有计算机。

其实，我在高中时就对计算机有很浓厚的兴趣。高中时很幸运，我所在的学校就有一台古董级的IBM机器，当时是1977年，计算机还需要靠打卡片的方式使用（就是先在一张一张的卡片上打洞，然后再把这一叠打了洞的卡片输入电脑）。有一个周末，我写了一个程序，让它去解一个复杂的数学方程式，然后把结果打印出来。因为机器运行速度非常慢，写完程序后我就回家了。周一回到学校，我突然被老师叫去骂了一通，说："你知不知道我们所有的纸都被你打印光了！"

原来，这个数学方程式有无数的解，周五下午我走后程序一直在运行，也就一直源源不断地在打印结果。当时的打印纸都是每张连在一起的厚厚一叠，而这样一箱纸可能要花掉学校几十美元，结果被我的一个程序给全部打光了，老师当然很生气。

大一时，我很惊讶不用打卡片也可以使用计算机，而令我更惊讶的是这么好玩的东西也可以作为一个“专业”。于是我选修了一门计算机课程，同时，也得到了我进入大学后的第一个“A+”成绩。除了赢得老师、同学的赞扬，我还感受到了一种震撼：未来这种技术能够思考吗？能够让人类更有效率吗？计算机可能有一天会取代人脑吗？解决这样的问题才是一生的意义呀！

大一期末时，我找到了一份工作，是在学校的计算机中心打工，他们会按时间付给我酬劳，虽然不多，但也是一种鼓励。同学们有什么计算机方面的问题都会来找我解决，而且，在当时“会计算机”在学校里是一件很时髦的事情，大家都觉得这个人太 Cool 了。甚至那时候我的 ID 都跟别人不一样，一般人的 ID 都是“院系名 + 姓名”，比如学计算机的 ID 就是“cs.kaifulee”，学政治的就是“ps.kaifulee”，而我的 ID 是“cu.kaifulee”，cu 代表哥伦比亚大学，即哥伦比亚 + 李开复，和校长的 ID 一样，多牛啊！

当然，我也做了很多无聊的事情，比如做程序去猜别人的密码。那个时候，大家还不知道密码是可以被破译的，当我“黑掉”别人的账户以后，就以他的名义发一些恶作剧的信。有一次，我用一位男同学的账号在 BBS 上发了一个“单身女郎征友”的启事，害他莫名其妙地收了一堆情书。这位同学现在也在北京工作，估计他到今天还不知情，下次见到他我一定要记得告诉他，那个启事是我发的。

当时，哥大法律系在全美国排名第三，而计算机系只是一个新开设的专业，如果我选择计算机这个专业，前途似乎并不很明朗。如果选择法律系，我的未来大概可以预测到：做法官、律师、参选议员等。因为在我之前有很多范本，我可以照着规划。而选择计算机专业，我甚至连将来要做什么都想不出来，当时也没有软件工程师这种职业。但是，我想的更多的是“人生的意义”和“我的兴趣”（从事一份自己不喜欢的工作多无聊、多沮丧啊！），并没有让这些现实就业的问题影响我。于是大二时，我从“政治科学”转到“计算机科学”。当时，一个物理系的同学开玩笑说：“任何一个学科要加‘科学’做后缀，就肯定不是真的科学。看看你，从一个‘假科学’跳到另一个‘假科学’，跳来跳去还是成不了科学家。”

第二节 理想与现实之间有座彩虹桥

霍兰德兴趣类型说

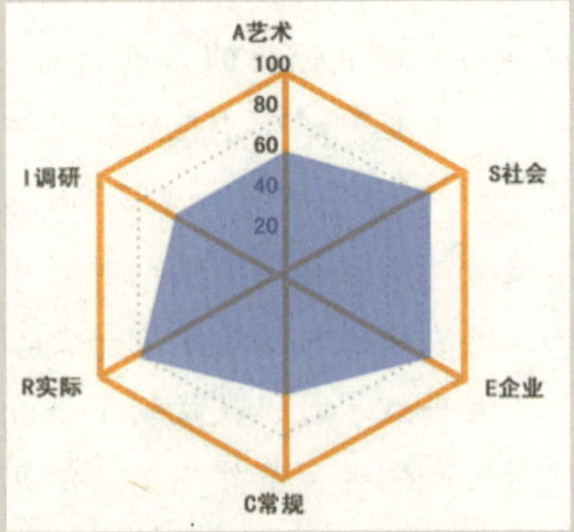

霍兰德六边形图实例

约翰·霍兰德（John Holland）是美国约翰·霍普金斯大学的心理学教授，美国著名的职业指导专家，于1959年提出了具有广泛社会影响的职业兴趣理论。他认为人的人格类型、兴趣与职业密切相关，兴趣是人们活动的巨大动力，凡是具有职业兴趣的职业，都可以提高人们的积极性，促使人们积极地、愉快地从事该职业，且职业兴趣与人格之间存在着很高的相关性。Holland认为人格可分为现实型、研究型、艺术型、社会型、企业型和常规型六种类型。

1. 社会型（S）

共同特征： 喜欢与人交往，不断结交新朋友，善言谈，愿意教导别人。关心社会问题，渴望发挥自己的社会作用。寻求广泛的人际关系，比较看重社会义务和社会道德。

典型职业： 喜欢从事要求与人打交道，能够不断结交新朋友，善于提供信息，启迪、帮助、培训、开发或治疗等事务，并具备相应能力。如教育工作者（教师、教育行政人员）、社会工作者（咨询人员、公关人员）等。

2. 企业型（E）

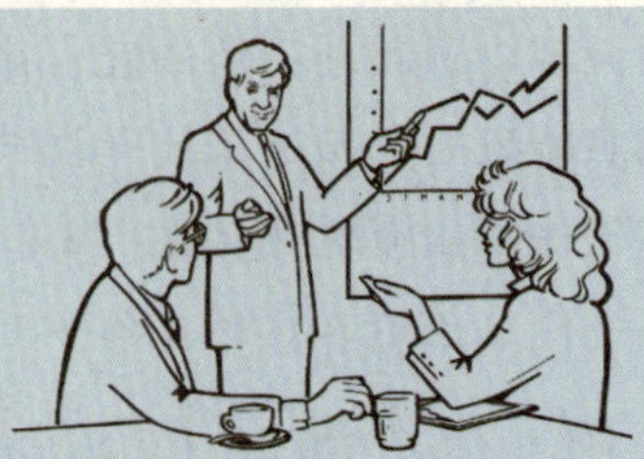

共同特征： 追求权力、权威和物质财富，具有领导才能；喜欢竞争，敢冒风险，有野心、有抱负。为人务实，习惯以利益得失、权力、地位、金钱等来衡量做事的价值，做事有较强的目的性。

典型职业： 喜欢从事要求具备经营、管理、劝服、监督和领导才能，以实现机构、政治、社会及经济目标的工作，并具备相应的能力。如项目经理、销售人员、营销管理人员、政府官员、企业领导、法官、律师等。

3. 常规型（C）

共同特点：尊重权威和规章制度，喜欢按计划办事；细心、有条理，习惯接受他人的指挥和领导，自己不谋求领导职务；喜欢关注实际和细节情况，通常较为谨慎和保守；缺乏创造性，不喜欢冒险和竞争，富有自我牺牲精神。

典型职业：喜欢从事要求注意细节、精确度，有系统、有条理，具有记录、归档，据特定要求或程序组织数据和文字信息的职业，并具备相应能力。如秘书、办公室人员、记事员、会计、行政助理、图书馆管理员、出纳员、打字员、投资分析员等。

4. 实际型（R）

共同特点：愿意使用工具从事操作性工作，动手能力强，做事手脚灵活，动作协调；偏好于具体任务，不善言辞，做事保守，较为谦虚；缺乏社交能力，通常喜欢独立做事。

典型职业：喜欢从事使用工具、机器，需要基本操作技能的工作；对要求具备机械方面才能、体力或从事与物件、机器、工具、运动器材、植物、动物相关的职业有兴趣，并具备相应能力。如技术性职业（计算机硬件人员、摄影师、制图员、机械装配工）和技能性职业（木匠、厨师、技工、修理工、农民）。

5. 研究型（I）

共同特点：属于思想家而非实干家，抽象思维能力强，求知欲强，肯动脑筋、善思考，不愿动手；喜欢独立的和富有创造性的工作；知识渊博，有学识才能，不善于领导他人；考虑问题理性，做事喜欢精确，喜欢逻辑分析和推理，不断探讨未知的领域。

典型职业：喜欢从事需要智力的、抽象的、分析的、独立的定向任务，要求具备智力或分析才能，并将其用于观察、估测、衡量，形成理论，并最终解决问题的工作，并具备相应的能力。如科学研究人员、教师、工程师、电脑编程人员、医生、系统分析员等。

6. 艺术型（A）

共同特点： 有创造力，乐于创造新颖、与众不同的东西；渴望表现自己的个性，实现自身的价值；做事理想化，追求完美，不重实际；具有一定的艺术才能和个性；善于表达，怀旧，心态较为复杂。

典型职业： 喜欢从事要求具备艺术修养、创造力、表达能力和直觉，并借助于语言、行为、声音、颜色等形式来表达审美、思索和感受的工作，具备相应的能力。如艺术方面（演员、导演、艺术设计师、雕刻家、建筑师、摄影家、广告制作人），音乐方面（歌唱家、作曲家、乐队指挥）和文学方面（小说家、诗人、剧作家）。

通过上面的描述，你能大致知道自己的职业兴趣类型了吗？

你的职业兴趣类型有哪几类？请写下来：

____

你认为适合你的职业有哪些？请写下来：

____

对于各种职业类型，我们喜欢的程度会有所不同，通过下面的测试，我们会有一个更加准确的判断。

霍兰德职业兴趣测量

第1部分　你感兴趣的活动

在你喜欢做的事情前面的方框内打“√”，一个“√”为1分，请将总分写在每种类型前面的括号内。

（ ）1. R型（现实型）

□装配、修理电器	□开摩托车
□修理自行车	□上金属工艺课
□装配、维修机器或机器零件	□上机械制图课
□做木工活	□上木工手艺课
□驾驶卡车或拖拉机	□上电气自动化技术课
□开机床	

( ) 2. I型（研究型）

□阅读科技书刊
□在实验室工作
□从事某个科研项目研究
□制作飞机、汽车模型
□做化学实验
□阅读专业性论文
□解一道数学或棋艺难题
□上物理课
□上化学课
□上几何课
□上生物课

( ) 3. A型（艺术型）

□素描、制图或绘画
□表演戏剧、小品或相声节目
□设计家具或房屋
□在舞台上演唱或跳舞
□演奏一种乐器
□阅读流行小说
□听音乐会
□从事摄影创作
□阅读电影、电视剧剧本
□读诗、写诗
□上书法美术课

( ) 4. S型（社会型）

□给朋友们写信
□参加学校、单位组织的正式活动
□加入某个社会团体或俱乐部
□帮助别人解决困难
□照看小孩子
□参加宴会、茶话会或联欢晚会
□跳交谊舞
□参加讨论会或辩论会
□观看运动会或体育比赛
□寻亲访友
□阅读与人际交往有关的书刊

( ) 5. E型（企/事业型）

□对他人做劝说工作
□买东西与人讨价还价
□讨论政治问题
□从事个体或独立的经营活动
□出席正式会议
□做演讲
□在社会团体中担任理事
□检查与评价别人的工作
□结识名流
□带领一群人去完成某项任务
□参与政治活动

( ) 6. C型（常规型）

□保持桌子和房间整洁
□抄写文章或信件
□开发票、写收据或打回条
□打算盘或用计算机计算
□记流水账或备忘录
□上打字课或学速记法
□上会计课
□上商业统计课
□将文件、报告、记录分类或归档
□为领导写公务信函与报告
□检查个人收支情况

第2部分　你所擅长或胜任的工作

只需考虑你对所列活动是否擅长、胜任，不必考虑你是否喜欢。你如果从未从事过某一活动，那就请考虑你将来是否会擅长该项活动。如果你认为你擅长从事某一活动，就请在答题卷的相应题号前面的方框里打“√”，一个“√”为1分，请将总分写在每种职业类型前面的括号内。

(　) 1. R型（现实型能力）

□使用锯子、钳子、车床、砂轮等工具
□使用万能电表
□给自行车或机器加油，使它们正常运转
□使用钻床、研磨机、缝纫机等
□修整木器家具表面
□设计建筑图纸
□修理结构简单的家用电器
□制作简单的家具
□绘制机械图形，设计图纸
□修理收音机、录音机的简单部件
□疏通、修理自来水管或下水道

(　) 2. I型（调研型能力）

□了解真空管的工作原理
□知道三种以上蛋白质含量高的食物
□知道一种放射性元素的“半衰期”
□会使用对数表
□会使用计算器或计算尺
□会使用光学显微镜
□会辨认三个星座
□能说明白细胞的功能
□能解释简单的化学分子式
□能理解人造卫星不会落地的道理
□参加过科技竞赛或科研成果交流会

(　) 3. A型（艺术型能力）

□演奏一种乐器
□参加二重唱或四重唱表演
□独奏或独唱
□扮演剧中角色
□说书或讲故事
□表演现代舞或芭蕾舞
□人物素描
□油画或雕塑
□制造陶器、捏泥塑或剪纸
□设计服装、海报或家具
□写得一手好文章

(　) 4. S型（社会型能力）

□善于向别人解释问题
□参加慰问或救济活动
□善于与人合作、配合默契
□殷勤待客

□能深入浅出地教育儿童
□为一次宴会安排娱乐活动
□帮助他人解决困难
□帮助护理病人或伤员
□安排学校或社团组织的各种集体事务
□善察人心或善于判断人的性格
□善于与年长者相处

(　) 5. E型（企业型能力）

□在学校里当过班干部并且干得不错
□善于督促他人工作
□善于使他人按你的习惯做事
□做事具有超常的精力和热情
□能做一名称职的推销员
□代表某个团体向有关部门提建议、意见
□担任某种领导职务期间获过奖或受过表扬
□说服别人加入你所在的团体（如俱乐部、运动队、工作或研究小组等）
□创办一家商店或企业
□知道如何做一位成功的领导人
□有很好的口才

(　) 6. C型（常规型能力）

□一天能誊抄近一万字
□能熟练地使用算盘或计算器
□能够熟练地使用中文打字机
□善于将书信、文件迅速归档
□做过办公室职员工作且干得不错
□核对数据或文章时既快又准确
□会使用外文打字机或复印机
□善于在短时间内分类和处理大量文件
□记账或开发票时既快又准确
□善于为自己或集体做财务预算(表)
□能迅速誊清贷方和借方的账目

第3部分　你所喜欢的职业

下面列举了许多职业，如果你对某项职业喜欢的话，请在答题卷的相应题号前面的方框里打“√”。一个“√”为1分，请将总分写在每种职业类型的前面的括号内。

(　) 1. R型(现实型职业)

□飞行机械技术人员
□鱼类和野生动物专家
□自动化工程技术人员
□木工
□机床安装工或钳工
□电工
□无线电报务员
□长途汽车司机
□火车司机
□机械师
□测绘、水文技术人员

(　) 2. I型（研究型职业）

- □气象研究人员
- □生物学研究人员
- □天文学研究人员
- □药剂师
- □人类学研究人员
- □化学研究人员
- □科学杂志编辑
- □物理学研究人员
- □科普工作者
- □地质学研究人员

(　) 3. A型（艺术型职业）

- □诗人
- □文学艺术评论家
- □作家
- □记者
- □歌唱家或歌手
- □作曲家
- □剧本写作人员
- □画家
- □相声演员
- □乐团指挥
- □电影演员

(　) 4. S型（社会型职业）

- □街道、工会或妇联负责人
- □中学教师
- □青少年犯罪问题专家
- □中学校长
- □心理咨询人员
- □精神病医生
- □职业介绍所工作人员
- □导游
- □共青团负责人
- □福利机构负责人
- □婚姻介绍所工作人员

(　) 5. E型（企业型职业）

- □供销科长
- □推销员
- □旅馆经理
- □商店管理人员
- □厂长
- □律师或法官
- □电视剧制作人
- □饭店或酒店经理
- □人民代表
- □服装批发商
- □企业管理咨询人员

(　) 6. C型（常规型职业）

- □簿记员
- □会计师
- □银行出纳员
- □法庭书记员
- □人口普查登记员
- □成本核算员
- □税务工作者
- □校对员
- □打字员
- □办公室秘书
- □质量检查员

第4部分 统计和确定你的职业倾向

请将第 1 部分至第 3 部分的全部检测分数填入下表，并做纵向累加。

	R 型	I 型	A 型	S 型	E 型	C 型
第 1 部分						
第 2 部分						
第 3 部分						
总分						

分数最高的三项由高到低依次是：__________、__________、__________。

霍兰德职业定位

一般而言，与你的职业兴趣得分（上述得分最高的三项）相符合的职业会使你满意度最高。比如，你的霍兰德职业兴趣测量结果是 ASE（假定 A 为最高，S 为其次，E 为再次），那么，ASE 类型的职业最可能符合你的职业兴趣（你可以在 A 类里找到 ASE 类别）。

下表的职业定位只能作为参考，如果列出的职业你并不喜欢，那就不要选择它！你可以在这一大类的其他栏目中去找吸引你的职业，然后再做进一步的探索。测评不是万能的，它只能为你提供参考，不要百分之百地相信它，你应该百分之百地相信自己内心的直觉！

1. 现实型（Realistic）

兴趣组合	职业名称	职业类别	领域	职位层级
RIC	计算机硬件工程师	工程师	IT技术/设计	技术员工
	电气工程师	工程师	工程类	技术员工
	海洋工程师	工程师	工程类	技术员工
	机械工程师	工程师	工程类	技术员工
	电子、电器技工	技术工人	工程类/生产类	技术员工
	机械装配员	生产人员	制造	基层技术员工
	机械技师	技师	制造	技术员工
	飞机维护员	技师	交通	技术员工

续上表

兴趣组合	职业名称	职业类别	领域	职位层级
RIC	系统软件工程师	工程师	IT技术/设计	高级技术员工
	土木工程师	工程师	建筑工程	技术员工
RAI	建筑师	工程师	建筑工程	高级技术员工
	音响师	操作人员	媒体/娱乐	高级技术员工
RAC	建筑制图员	技术人员	建筑工程	基层员工
	玻璃雕刻师	工艺人员	艺术设计	技术员工
	装订员	操作人员	印刷/包装	基层员工
RSE	消防员	公共安全人员	公共事务	基层员工
REI	客机飞行员	技术人员	交通运输	技术员工
REC	轮船工程师	工程师	交通运输	技术员工
	船长	船长	交通运输	管理层
	列车长	列车长	交通运输	管理层
RCI	制图工程师（电子）	工程师	电子电器	技术员工
	制图工程师（机械）	工程师	机械自动化	技术员工
	机械测量人员	技术员	机械自动化	技术员工
	精密制造（加工）操作员	操作人员	制造加工	技术员工
	制造系统维护员	操作人员	制造加工	技术员工
	数控设备程序员	工程师	制造加工	高级技术员工
	机械设备（含汽车）维修人员	技术员	机械自动化	技术员工
	电子电器（含计算机）维修人员	技术员	电子电器	技术员工
RCE	制版员	操作人员	印刷包装	基层员工
	食品加工工人	操作人员	食品	基层员工
	通讯设备安装人员	技术员	信息通信	技术员工
	商业设备安装人员	技术员	IT技术/技术	技术员工
	裁判	裁判	体育	体育人员

2. 研究型（Investigative）

兴趣组合	职业名称	职业类别	领域	职位层级
IRA	材料工程师	工程师	材料科学	高级技术员工
	生物工程师	工程师	生命科学	高级技术员工
IRS	外科医生	医生	医疗	高级医务人员
	牙医	医生	医疗	高级医务人员
IRE	网络工程师	工程师	IT技术/设计	技术员工
IRC	计算机程序员	工程师	IT技术/设计	技术员工
	IT实施工程师	工程师	IT技术/设计	技术员工
	计算机安全专家	顾问	IT技术/设计	顾问
	化学工程师	工程师	能源/化工	技术员工
	电子工程师	工程师	电子电器	技术员工
ISA	临床助理	医生助理	医疗	技术员工
	生命科学教师	大学教师	教育	教师
	保健教师	教师	教育	教师
IES	营养专家	顾问	服务	顾问
IEC	管理顾问	顾问	咨询	顾问
	计算机安全工程师	工程师	IT技术/设计	技术员工
ICR	技术支持工程师	工程师	IT技术/设计	技术员工
	统计学家	科学家	科学研究	科学家
	系统分析师	顾问	IT技术/设计	顾问
	工业工程技术人员	技术员	制造加工	技术员工
	药剂师	医务人员	医疗	医务人员
ICA	数学家	科学家	科学研究	科学家
ICE	HR顾问	顾问	管理	顾问
	财务分析师	顾问	财务	顾问

3. 艺术型（Artistic）

兴趣组合	职业名称	职业类别	领域	职位层级
ARI	画家	艺术家	艺术设计	艺术家
	场景设计师	设计师	戏剧表演	设计师
	科学摄影师	摄影师	媒体	摄影师
ARE	陈列设计师	设计师	艺术设计	设计师
	专业摄影师	摄影师	戏剧表演	摄影师
	摄影师	摄影师	媒体	摄影师
ARS	产品设计师	设计师	艺术设计	设计师
	画家	艺术家	艺术设计	艺术家
AIS	技术性作家	作家	媒体	作家
AIE	新闻记者	记者	媒体	记者
ASR	舞蹈演员	演员	戏剧表演	演员
ASI	艺术演员	大学教师	教育	教师
	语言教师	大学教师	教育	教师
	翻译	翻译	媒体	翻译
ASE	广播电视播音员	播音员	媒体	播音员
	音乐指挥	艺术家	戏剧表演	艺术家
	编辑	编辑	媒体	编辑
AER	艺术指导	艺术指导	戏剧表演	艺术指导
	设计师（服装/平面/室内）	设计师	艺术设计	设计师
AES	广告经理	经理	市场营销	管理人员
	表演歌手	歌手	戏剧表演	歌手
	作曲家	艺术家	戏剧表演	艺术家
	演员	演员	戏剧表演	演员
	制片人	制片人	戏剧表演	制片人
AES	导演	导演	制造加工	高级技术员工
	广告文案	广告人员	市场营销	广告人员
	漫画家	艺术家	艺术设计	艺术家
ACI	图书管理员	管理员	教育	技术员工

4. 社会型（Social）

兴趣组合	职业名称	职业类别	领域	职位层级
SRI	体能教练	教练	体育	教练
	理疗医生	医生	医疗	高级医务人员
	食疗专家	顾问	个人服务	顾问
SIR	护士	护士	医疗	医务人员
SIA	心理咨询师	顾问	个人服务	顾问
	小学教师	小学教师	教育	教师
	经济学教师	大学教师	教育	教师
SIC	助教	大学教师	教育	教师
SAI	幼儿教师	幼儿教师	教育	教师
SAE	职业咨询师	顾问	个人服务	顾问
	商业教师	大学教师	教育	教师
	播音员	播音员	媒体	播音员
SEA	学校辅导员	顾问	个人服务	顾问
SEC	个人理财顾问	顾问	个人服务	顾问
	培训发展顾问	顾问	企业服务	顾问
SEI	中小学校长	校长	教育	校长
	职业健康专家	顾问	企业服务	顾问

5. 企业型（Entreprising）

兴趣组合	职业名称	职业类别	领域	职位层级
ERI	销售工程师	工程师	市场营销	技术员工
ERS	教练	教练	体育	教练
	产品演示人员	销售员	市场营销	销售人员
	精密设备销售人员	销售员	市场营销	销售人员
ERC	生产线线长	主管	制造加工	基层管理人员
	建筑项目经理	经理	建筑工程	管理人员
	维修主管	主管	客户服务	管理人员
	交通管理员	主管	交通运输	基层管理人员

续上表

兴趣组合	职业名称	职业类别	领域	职位层级
EIS	保险理赔人员	保险人员	保险	普通员工
EIC	工业工程师	工程师	制造加工	技术员工
EAS	公关顾问	顾问	咨询	顾问
ESR	警察	警察	社会安全	警察
	医疗设备销售员	销售员	市场营销	销售人员
	零售人员	销售员	市场营销	销售人员
ESI	法官	法官	法律	法官
ESA	经纪人	经纪人	个人服务	经纪人
ESC	HR经理	经理	人力资源	管理人员
	HR经理（福利/培训/招聘）	经理	人力资源	管理人员
	旅游代理人	代理人	旅游休闲	代理人
	保险销售员	销售员	保险	销售人员
ECR	经理（物流/仓储）	经理	物流	管理人员
	HR主管（福利/培训/招聘）	经理	人力资源	管理人员
	生产经理	经理	制造加工	管理人员
	旅游代理人	代理人	旅游休闲	代理人
	保险销售员	销售员	保险	销售人员
ESR	政府官员	官员	政府	管理人员
ESR	首席执行官	执行官	管理运营	高层管理人员
	经理（销售/市场/客户服务）	经理	市场营销	管理人员
	经理（行政）	经理	行政后勤	管理人员
	经理（财务）	经理	财务	销售人员
	会务人员	会务人员	行政后勤	员工
	电话销售员	销售员	市场营销	销售人员

6. 常规型（Conventional）

兴趣组合	职业名称	职业类别	领域	职业层级
CRI	工程质量人员	测量人员	建筑工程	技术人员
CRI	建筑监理	监理	建筑工程	管理人员
CRS	邮递员	邮递员	邮电服务	员工
CRS	电话总机接线员	接线员	行政后勤	员工
CRE	仓库管理员	管理员	物流	员工
CRE	机场控制中心主管	主管	交通运输	管理人员
CSR	设备工程师	工程师	制造加工	技术人员
CEI	预算分析师	顾问	财务	顾问
CEI	审计师	顾问	咨询	顾问
CEI	精算师	精算师	保险	顾问
CEI	会计	会计	财务	员工

看一看，你能否通过职业兴趣得分找到适合自己的职业类型。如果能找到你很感兴趣的职业目标，恭喜你！请把你感兴趣的职业类型写下来：

____

____

____

如果还是没有找到你感兴趣的职业目标，也不用着急，职业规划本身就是一个长期的探索过程，请继续努力！

第四课
亲朋助跑　榜样力量

高中阶段的我们，面临着升学和就业的抉择。如果升学，就必须考虑升入什么样的学校，选择何种专业。如果就业，羽翼还未丰满的我们又该何去何从？这一切都要求我们，对社会上的人才标准和职业情况有较好的了解。

父母在孩子的职业生涯规划中扮演着重要的角色，发挥着不可替代的作用。学者巴迪克(Bardick)的研究表明，父母在孩子的职业生涯规划上应具有模范作用，为孩子提供一个可以讨论和探索职业生涯的支持性的环境，能够给孩子提供所需要的职业生涯信息，也能够教孩子以正确的价值观来做选择并教育他们对自己的选择负责。我们不妨从了解父母和亲朋好友的职业开始，进一步认知职业，管窥社会。

第一节　职业类型

亲朋好友职业情况调查

活动卡

亲朋好友职业情况调查表（一）

调查的对象：________________

从事的职业：________________

工作时间：________________

工作内容：________________

工资收入：________________

该职业对社会的贡献：________________

____

该职业对你的吸引程度：☆ ☆ ☆ ☆ ☆

研究自己适合从事何种职业，是职业生涯规划的关键和基础。要回答这个问题，就要考虑以下各方面因素。

（1）自己所处的职业发展阶段。

（2）自己的职业性向（就是职业类型）。

（3）自己的技能（也就是我们的自身本领，比如专业、爱好、特长等）。

（4）自己的职业锚（就是职业动机）。

（5）自己的职业兴趣。

除了考虑上述五个方面的因素外，还要清楚人生的四个职业发展阶段。

（1）探索阶段：15 ~ 24 岁之间。

（2）确立阶段：24 ~ 44 岁之间。这一阶段是大多数人工作周期中的核心部分。这一阶段包括了三个子阶段：尝试子阶段（25 ~ 30 岁之间）、稳定子阶段（30 ~ 40 岁之间）及职业中期危机阶段（在 30 多岁和 40 多岁之间的某个时段上）。

（3）维持阶段：45 ~ 65 岁之间。

（4）下降阶段：66 岁以上，当退休临近的时候。

处在不同职业发展阶段的人，应考虑不同的事情。例如，处于探索阶段的人，可以多做些尝试、探索，在工作中摸索出本人的职业性向、职业锚、职业兴趣等，逐步找到最适合自己的职业。而 40 岁以上的人，就不应该做过多的尝试，而是应该认真分析清楚本人的职业锚、职业性向，选择本人有优势的职业做长远的打算。这里的年龄阶段划分还应该针对不同的职业加以区分，例如：在中国，作为职业足球运动员，30 岁已经该退休了；而作为教授，30 岁差不多是最年轻的。

在校高中生处在人生职业发展的第一阶段——探索阶段。那么，具体有哪些行业需要我们探索呢？哪些行业又是你所感兴趣的呢？

行业概览

1. 行业分类目录

中华人民共和国国家统计局将行业分为 20 大类，其中每一大类又分为若干小类。

这 20 类行业包括：农、林、牧、渔业；采矿业；制造业；电力、燃气及水的生产和供应业；建筑业；交通运输、仓储和邮政业；信息传输、计算机服务和软件业；批发和零售业；住宿和餐饮业；金融业；房地产业；租赁和商务服务业；科学研究、技术服务和地质勘察业；水利、环境和公共设施管理业；居民服务和其他服务业；教育；卫生、社会保障和社会福利业；文化体育和娱乐业；公共管理和社会组织；国际组织。

2. 网站上常见的行业分类

目前，一些网站为了方便进行职位颁布，参考国家行业分类标准，再根据自己网站的定位和特色，将行业分得更加详细。下面是网站常用的行业分类，请把你喜欢的圈出来，填在下面的方框内。

计算机	旅游	工业仪表	出版	制造	机械贸易
广告	科研	仪器	政府	物业	化工
酒店	电信	医药	咨询	印刷	重工
体育	生物	汽车和零配件	房地产	娱乐	进出口
互联网	批发和零售	企业集团	教育	原材料	快速消费品
公关	法律	电力设计	采掘业	运输	农、林、牧、
餐饮	电子技术	媒体	加工	包装	渔业
学术	保健	非营利机构	建筑	其他行业	
通讯	金融	能源	培训	耐用消费品	
会展	环保	装潢	冶炼	物流	

活动卡

请写出你感兴趣并希望进一步了解的行业：

____

____

____

____

第二节 我的职业观

什么是你内心深处真正想要的生活？不同的人有不同的要求，有人喜欢稳定的生活，有人喜欢具有挑战性的职业；有人喜欢在工作中挣很多钱；有人喜欢在工作中更能得到别人的尊重……

作为中学生的我们，完全有时间和精力去思考和探索自己最想要的生活方式，并利用长期的学习、实践为自己理想的生活方式做准备，让自己在漫长的职业生涯中能时刻感受到幸福。

你心目中的理想工作

如果能够找到一份完全符合自己理想的工作，无疑是一件令人兴奋的事。即使完全符合理想的几率并不太高，但愈是清楚明白自己所追寻的理想，愈能对自己所选择的职业感到满意。

仔细阅读下表所提供的职业价值观，勾选出九个你觉得较符合自己理想工作的选项，你也可以在后面填写自己理想的工作。然后，请你判断这九个价值观的相对重要性，按顺序依次排列。请将你觉得最重要的价值观排在第一位，以此类推。

自豪	你想做令你骄傲的、能充分发挥你能力的工作
稳定	你想要一份稳定的工作，它不易使你成为冗员
例行公事	你想要一份在大多数时间里做相同事情的工作
体力劳动	你想要一份需要体力的工作
团队工作	你想要一份工作，在这份工作中你是团队的一份子
得到欣赏	你想要人们欣赏你的工作
刺激	你想要一份充满刺激的工作
单独工作	你喜欢自己一人工作
赚大钱	你想在工作中赚一大笔钱
稳定的收入	你想要一份有稳定收入的工作
冒险	你想要一份可冒险的工作
艺术	你喜爱如绘画、设计、音乐、模型设计等的工作
兴趣	你想要一份有趣的工作
沟通	你想要一份可使用文字或言语来表达构想的工作

环境	你想要一份工作环境很好的工作
挑战	你喜欢有压力、有难度的工作
自由	你想要自行决定工作时间，不愿固定的工作时间
独立自主	你想要一份能独立自主的工作
升迁	你想要一份有良好升迁通道的工作
创意	你想要一份可以通过构思新观念、新方法来处理事情的工作
平顺	你比较喜欢没什么压力或不愉快要求的工作
变化	你想要做许多不同的事
地位	你想要一份受人尊敬的工作
活力	你想要一份有活力而不是枯燥的工作
助人	你想要一份能帮助别人的工作
自己理想的工作：	

①____________；②____________；③____________；
④____________；⑤____________；⑥____________；
⑦____________；⑧____________；⑨____________。

请和朋友或同学们分享或讨论你对理想工作的期待是什么，为什么？

____

____

____。

前面所选择的感兴趣的职业目标中有哪些是符合你价值观的职业目标，把它们写下来：______________________________。

工作对个人的影响

个人价值观和兴趣是很重要的，人们在选择工作时很大程度上取决于自己的价值观和兴趣所在。

1. 职业的类型会影响你的定居点

如果你循着做护林员的目标前行，你很可能住在森林边上；如果你选择去电影院工作，你很可能会居住在大城市附近。

2. 职业收入会影响你的生活水平

年薪 1 万元者的生活水平完全不同于年薪 10 万元者的生活水平，你必须明确金钱对于你生活的重要性。

3. **职业的类型影响你的生活方式**

（1）安蕾是一位护士，通常会工作到很晚甚至通宵达旦。

（2）职业影响你的朋友圈选择。

（3）职业影响你的家庭生活。

例如，戴爽是一位旅店经理，每周要工作 80 个小时，这使得她没有时间与亲人在一起。

（4）职业影响你的性格。

有些工作给你的压力很大，使你紧张或不愉快。只有能确定你想要什么样的生活，才能选择最适合自己价值观的职业。

了解个人价值观，进行科学的择业与就业

我们在择业时比较科学理性的做法是：在开始找工作以前，应该首先对外界环境和自身情况都做一个全面的了解和详细的分析，进而初步确定自己的职业定位和发展方向，然后在找工作的过程中有目标地去寻找。

外界环境主要是当前的整体就业环境和就业趋势、各行各业的现状及发展前景、自己面临的一些就业机会以及自己的家庭环境等因素。

针对自身情况，需要了解和分析的主要因素包括：

（1）我喜欢做什么（主要包括职业兴趣、职业价值观等）。

（2）我适合做什么（主要包括职业性格、气质、天赋才干、智商情商等）。

（3）我擅长做什么（主要包括职业能力倾向，比如语言表达能力、逻辑推理能力、数字运算能力等）。

（4）我能够做什么（主要包括自己掌握的专业知识、技能和工作经验等）。

经过对以上因素的综合分析和权衡，来初步确定我们的职业定位和发展方向，并在就业过程中，按照自己的职业规划有目标地去寻找。当然，对以上因素进行“分析和权衡”的基础，是我们对自己的职业兴趣、职业性格和能力倾向等都比较熟悉和了解。如果连我们自己也不是很清楚自己真正喜欢或适合做的工作，那么我们可以借助“职业测评”这个工具手段，来进一步发现和了解自己的职业兴趣、能力倾向等职业特征和发展潜能。

总结

我就是我，我是独特的自己

“你，是独一无二的，你能否用几个形容词或一句话描述自己？”这是人力资源专家招聘职员时最喜欢问的一句话。

你能否在一分钟内不假思索地用两句话描述自己的优点？并把它们写下来：

____

____

你是一个怎样的人？你心中有什么渴望？……写下心中的自己。

活动卡

我的兴趣：______________________________

我的能力：______________________________

我的性格：______________________________

我渴望的生活方式：______________________________

我最想从事的职业：______________________________

____

____

____

____

第五课
风雨人生　思想长廊

中国有句古话："三百六十行，行行出状元。"所谓"三百六十行"，即是指各行各业的行当而言，也就是社会工种。俗话说得好："敲锣卖糖，各干一行。"关于行业，自唐代开始就有三十六行的记载。宋代周辉的《清波杂志》上便记有肉肆行、海味行、酱料行、花果行、鲜鱼行、宫粉行、成衣行、药肆行、扎作行、棺木行、故旧行、陶土行、仵作行、鼓乐行、杂耍行、皮革行等等。当然，"三百六十行"只是一个约数，其实自古以来，社会的工种绝不止"三百六十行"。谁没有对自己职业的畅想？谁不曾对自己的人生偷偷描画？人的一生总要经历风风雨雨，有什么样的价值判断，选择什么样的行业，影响着我们这一生的喜怒哀乐。

第一节　三百六十行的艰辛

选择行业就是在选择人生

抓周是小孩周岁时举行的一种预测前途和性情的仪式，也是孩子第一个生日纪念日的庆祝方式，属于我国传统诞生礼之一。它反映了父母对子女的舐犊情深，同时又具有一定的家庭游戏性质。作为卜戏类民俗事项，它以儿时的偶然接触来对未来做出必然的判断，自然是荒谬而非理性的。

婴儿过周岁生日，意味着在人生的道路上安然地度过了第一个春夏秋冬，为此要设宴庆贺，一则祝贺孩子的健康成长，二来寄托大人们对孩子的美好期望。可见在父母心中，孩子选择什么样的职业非常重要，选择什么样的职业又确实多少能反映出一个人的一些性情。

成功规划职业生涯

职业生涯，是一个人的职业经历，它是指一个人一生中所有与职业相联系的行为与活动，以及相关的态度、价值观、愿望等连续性经历的过程，也是一个人一生中职业、职位的变迁及工作、理想的实现过程。无论将来从事什么工作，你都要有接受挫折的心理准备，从中学时代起，就要有为了自己的理想努力打拼的强烈愿望和动力。

人的职业生活是人全部生活的主体，在其一生中占据核心与关键的位置。人们一生的职业历程，有着种种不同的可能：有的人从事这种职业，有的人从事那种职业；有的人一生变换多种职业，有的人终身奋斗在一个岗位上；有的人不断奋斗、事业成功，有的人穷困潦倒、无所作为。造成人们职业生涯的差异，既有个人能力、心理、机遇等方面的问题，也有社会环境的影响。

职业生涯，英语是“Career”，“生”，即“活着”；“涯”，即“边界”。从广义上理解，“生”，自然是与一个人的生命相联系；“涯”，则有边际的含义，即指人生经历、生活道路和职业、专业、事业。人的一生，包含童年、少年、成年、老年四个阶段，成年阶段是最重要的时期。这一时期之所以重要，是因为这是人们从事职业生活的时期。

职业生涯这个概念的含义曾随着时间的推移发生过很多变化。在20世纪70年代人们刚刚熟悉这个词汇时，职业生涯专指个人生活中和工作相关的各个方面。随后，又有很多新的意义被纳入“职业生涯”的概念中，甚至包含了生活中关于个人、集体以及经济生活的方方面面。

你认为一个人的价值观对他的职业生涯有什么影响？

为什么要从中学时代就要慎重思考自己的职业生涯？

成功需要艰辛付出

三百六十行，无论哪一行的成功都是需要艰辛付出的。荀子在《劝学》名篇中告诉我们：“锲而舍之，朽木不折；锲而不舍，金石可镂。”很多人都渴望成功，但却因为缺乏坚持不懈的精神而未能如愿。

瀑布面对高崖，没有犹疑，没有退缩，它“涌”往直前，一跃千里，它们的勇敢尝试使山崖间多了一道壮丽的风景；钻头面对岩石，没有徘徊，没有怯懦，它迎向岩石，用自己的身躯使岩石粉碎，在粉末飞溅时，它发现自己成功了。如果说渴望成功的心是一粒草籽，那么艰辛的付出便是助它发芽的沃土；如果说盼望成功的心是一朵含苞待放的花蕾，那么艰辛的付出便是助它绽放的阳光。生活要靠自己去创造，要克服自身弱点，发挥自己最大的潜能。请同学们牢记：辉煌的背后是汗水，成功的背后是艰辛。但这一片天地属于你们，你们要亮出自己的风采！

让我们来阅读一份个人简历：

1985 年，考入中国传媒大学新闻系。

1989 年，到中央人民广播电台《中国广播报》栏目组工作。

1993 年，进入中央电视台《东方时空》栏目组，获“中国播音与主持”大赛特等奖、“中国金话筒奖”。

1997 年，主持了香港回归大型现场直播节目，参与策划并主持《焦点访谈》《中国之路》等节目。

1998 年，参与报道抗洪救灾。

1999 年，参加了澳门回归直播。

2001 年，参与策划、创办的《时空连线》栏目成功推出，他本人出任该栏目的主持人兼制片人，还担任《新闻会客厅》的节目主持人。同年参加了中国加入 WTO 的报道。

2003 年，新闻频道创建，他开始主持《中国周刊》（后更名为《新闻周刊》）栏目。

2008 年，主持了《感动中国 2008》栏目。

2009 年，参与主持转播国庆 60 周年庆典。

2009 年，在华语主持群星会获年度终身成就奖。

让我们再来关注他的两段经历。

1993 年，他在本来不被注意的早间电视节目中，推出了《东方之子》《东方时空》等栏目，以选题严谨、判断敏锐等特色，创造出了新的电视节目播出形式。而且，内容涉及环境、教育、社会和家庭等许多备受关注的话题，成为中央电视台最有影响力的专题性栏目，也成为接到观众来信最多、被寄予希望最多的栏目。但是，又有谁知道，他并不是学播音出身的，主持节目时经常发音不准、读错字。当时，台里有规定，主持人、播音员念错一个字罚 50 元钱。有一个月他不仅被罚光工资，而且还倒欠栏目组几十块钱。当时，他是从《中国广播报》借调到中央电视台的，如果不能很好地胜任工作，就要被退回去，这是好强的他所不能接受的。那段时间，他的神经就像拉得满满的弓，常常失眠。

他曾对媒体坦言有两个具体的压力，一个是有节目做的时候的压力，一个是没节目做的时候的压力。他回忆到：“我最大的一次压力，那就是恐惧。1997 年香港回归，我正好负责的是驻港部队从深圳进入香港那部分，整个直播过程都怕自己说错了，可是偏偏每次演练的时候，一张嘴就是错，非常恐惧，然后每天晚上睡不着觉，以至于当我直播完第一段之后，没出错，兴奋得一塌糊涂。第二个恐惧是没节目做的时候。2000 年悉尼奥运会回来之后要创办的新栏目叫作《子夜》，我以为顶多三个月就可以创办完成，但长达一年的时间，这个节目没能出台。那段压力，不是因为没工作而有压力，而是你突然不知道未来在哪里，过去已经被你结束了，但是新的，你以为很快可以到来，却迟迟没有到来。

你知道他是谁吗？

你认为他的工作需要具备哪些素质吗？

第二节　行行出状元的骄傲

全身心投入，实现自己的价值

马斯洛的需要层次理论提出，人的最高需求是自我价值的实现，也就是通过做自己想做的事情来实现自我的价值。我们去动物园常惊叹或艳羡工作人员与动物之间的感情，但是我们也应知道那些工作人员为了居住在动物园的动物们健康，需要忍受动物粪便的恶臭味，并能身手敏捷地避开偶尔发脾气的大猩猩。三百六十行，自有个中辛苦，但我们也要深知，只要全身心投入，行行都出得了状元。

“行行出状元”的由来

有一年，一位新科状元身着皇帝封奖的衣冠，骑着高头大马，得意洋洋地在街上走着。他来到一条热闹的街道，遇见一位樵夫。樵夫对新科状元视而不见，不避不让。状元的侍从向樵夫高喊：“让道！”樵夫说：“状元有什么了不起的，我没钱读书，要不我也能考中状元。”状元便问道：“你有什么本领呀？”樵夫回答：“我是卖柴的，我的本领是劈柴，我能按你的要求把木柴劈开。”状元立即吩咐随从找来几根木柴，在木柴中间画了一条墨线，然后让樵夫按墨线把木柴劈开。这时，周围挤满了行人，只见樵夫不慌不忙地对着木柴左右瞧了一下，然后拿起斧头劈了下去。刀落处，木柴按墨线一劈两片。

此时，有个卖油郎路过，便说道：“这是练出来的本领，没什么了不起的！”声音传到状元耳朵里，卖油郎也被叫过去显示本领。卖油郎说：“我是卖油的，不用秤，你要多少油我给多少油，不差一钱半两。”状元一听，叫随从取来一个口小肚大的葫芦，然后要卖油郎往葫芦里装二斤三两油。只见卖油郎伸手从口袋里掏出一个铜钱，盖在葫芦口上，然后提起满满一大桶油就往葫芦里倒。只见一条细细长长的油丝不偏不倚地从铜钱的方眼中穿过。大约 15 分钟后，卖油郎放下油桶说：“请你拿去过秤！”状元拿起葫芦口上的铜钱查看，不沾一丝儿油痕。随从一过秤，不多不少，刚好二斤三两，众人又一次拍手叫绝。

状元口服心服地说：“真是三百六十行，行行出状元！我这状元也真的没有什么了不起的，这街我不游了，大家回去吧！”

观　点	正方：爱一行，干一行	反方：干一行，爱一行
理由陈述1		
理由陈述2		
理由陈述3		
你的感悟		

故事里的状元郎为什么认为自己“真的没有什么了不起的”？

小辩论：爱一行，干一行与干一行，爱一行

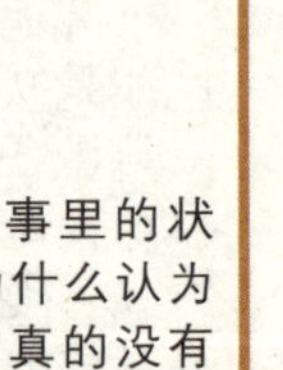

大家一定听说过，为医药事业的发展尝遍天下毒草的名医李时珍，一生贫困潦倒仍不放弃音乐的贝多芬，到死才被人发现其绝世才华的画家毕加索，他们一生都在矢志不移地追求着自己的职业理想。这种为了理想不怕艰难险阻的职业精神和职业道德让我们心生敬意。他们个人璀璨的职业生涯为人类的文明史谱写了一首首动人乐章，这种职业选择和职业坚持也彰显了他们每个人的人生价值、民族精神和理想境界。

约翰·亨利·法伯是法国伟大的自然科学家。他曾利用毛毛虫做了一个不寻常的实验。这些毛毛虫总是盲目地跟着前面的毛毛虫爬行，所以它们又被叫作游行毛毛虫。法伯很小心地安排它们围着花瓶的边缘走成一个圆圈。花瓶旁边放了一些松针，这是毛毛虫喜欢的食物。毛毛虫开始绕着花瓶爬行，它们一圈又一圈地爬着，一个小时又一个小时，一天又一天，一连七天七夜，它们一直围着花瓶转圈圈，最后，终于因饥饿和精疲力尽而死去。在不远的地方就有很丰富的食物，而它们却因饥饿致死，其原因就在于只知道跟着别的毛毛虫爬，没有自己的目标。人生如果没有自己的奋斗目标，其结果又会怎样呢？一个没有目标的人就像一艘无舵之船，永远漂泊不定，只会漂到“失望、失败和丧气”的海滩。

在班级里你扮演什么角色？你认为怎样才能扮演好自己的角色？

你有没有毛毛虫的烦恼？你认为应该如何解决？

对工作要有客观的认识

就业是民生之本，对工作的意义要有客观的认识。一方面，对社会而言，工作不分贵贱，每一份工作对社会都有贡献，不能因为自己工作的性质、待遇等的不够理想就妄自菲薄。另一方面，对于个人而言，要脚踏实地，即使目前离理想还比较遥远，目前的学习和生活角色还不能充分发挥自己的才能，也要踏踏实实，稳步前进。无论明天朝我们微笑还是哭泣，我们都应坚持每一天都做最好的自己。

不健全的人格是错误择业观产生的关键因素。人们面对的需要是多种多样的，不同的需要会产生不同的动机和目的，但不可能所有的需要都能获得满足，当“鱼与熊掌不可兼得”时就迫使人们不得不做出选择，此时，如果没有科学的人生观做指导、正确的价值观做导向，就会常常处在紧张失措、彷徨不安或踌躇不定的状态中。比如，有理想、有抱负、成才要求高是正确的，但过多地强调个人愿望，忽视国家的需要和对社会的奉献肯定难以得到社会的认可；缺乏良好的意志品质，缺少自觉性，不能把理想前途与自身优势、个人特点及专长联系起来加以分析，对自己的成长之路和从事何种职业缺乏思考和选择也不利于自身的定位；缺乏坚定性，遇到挫折就望而却步，在职业偏好和能力培养的选择上三心二意、见异思迁或毫无目标也不可能成就一番大事。

劳动不分贵贱，我们应树立正确的择业观。正视社会现实中的职业竞争，树立自主择业观、竞争就业观、职业平等观、多种方式观，确立在奋斗过程中提高自我、奉献社会的崇高理想。请注意，新生活是从选定方向开始的；请牢记，大千世界，总有一样我能行；请相信，条条大路通罗马，行行出状元；请坚守，我能我行我一定成功！

自我描画职业生涯

职场人士在做职业规划时，必须考虑到行业的特性与个人的优、缺点，这样才能制订合理、有指导意义的职业规划。

首先，职业发展目标要契合自己的性格、特长与兴趣。职业生涯能够成功发展的核心，就在于所从事的工作要是自己所擅长的。从事自己擅长的工作，我们会工作得游刃有余；从事自己所喜欢的工作，我们会工作得很愉快。如果所从事的工作，既是自己所擅长的又是自己喜欢的，那么我们必定能快速地从中脱颖而出。而这正是成功的职业规划的核心所在。

其次，职业规划要考虑到实际情况，并具有可执行性。有些人很有雄心壮志，但更多的时候职业生涯却是一种积累的过程——资历的积累、经验的积累、知识的积累，所以职业规划不能太过于好高骛远，而要根据自己的实际情况，一步一个脚印，层层晋升，最终方能成就梦想。

最后，职业规划发展目标必须有可持续发展性。职业发展规划不是一个阶段性的目标，而是一种可以贯穿在自己整个职业发展生涯中的远景展望，所以职业发展规划必须具有可持续发展性。如果职业发展目标太过短浅，这不仅会抑制个人奋斗的热情，而且不利于长远发展。

你理想的职业是怎样的？

为实现自己的职业理想，你认为自己有哪些优势？有哪些不足？

思考与讨论

1. 尝试了解你感兴趣的行业，并归纳从事该行业需要面临什么样的挑战。
2. 你认为中学时代应该如何为自己向往的职业做必要的储备？

第六课
推窗望月　路在何方

豆瓣网上有一则关于“你们当初选文理科的时候纠结过吗？”的讨论，网友们的发言非常积极。“鸭梨”说：“为了逃避化学而放弃物理投奔文科，结果发现自己学历史和学化学的难度是一样的。”“Danlin”说：“我物理、化学学得比历史、地理好，但是数学不够好，因为文科数学简单些，加上政治学得比生物好，综合考虑就选择了文科。”讨论中有理性的分析，也有率性而为，怎样选择，都是前思后想，万分纠结。

高中阶段一般在高二进行分科，分科后，文科生和理科生便有了不同的高考目标，为备战高考，学习时间分配上也会有不同的倾向，而这一次选择也对将来的职业选择产生很大的影响。

第一节　文科生 or 理科生？

规划人生的重要步骤

面对高二分科的问题，很多同学都很头疼，是该选择文科还是该选择理科呢？一些过分偏爱文科或理科的学生，选择起来并不难，喜欢理科就选理科，喜欢文科就选文科。难的是那些文、理科成绩差不多的学生，这部分学生占了很大比例。学文还是学理，对于这部分学生来说，还真是个问题。

众所周知，目前我国绝大多数高校都是分科招生的，所以高中阶段分科也是为了与大学教育接轨。文理学科分流是高中基础教学到达一定阶段的必要举措，也是学生进行人生规划设计的重要步骤。此外，学生在高中阶段出现兴趣爱好偏向很正常，文理分科本身有一定的合理性。

文理选择关乎自己未来的生存状态，所以选择时要关注所选专业未来的发展。常见的理科专业有：理、工、农、医、林、地质、军校、警校、信息工程、汽车工程、建筑规划等；常见的文科专业有：（文理兼收）金融、保险、经济、贸易、工商管理、会计、广告、新闻、法律、语言、市场营销等。

你认为自己适合学习文科还是理科？

你的选择与实现心目中的理想职业有什么关系？

影响选择的主要因素

影响学生做出选择的因素有很多，主要包括：学生是擅长文科还是理科；未来的就业形势分析；个人兴趣、爱好及理想等。针对目前文理仍旧分科的现实，建议同学们从兴趣、特长、志向、成绩几方面考虑。无论选文科还是选理科，首先，兴趣是第一前提。兴趣是学好一门功课的重要因素，有了兴趣，可以使高中的学习生活变得多姿多彩；有了兴趣，才可以让学生全身心地投入学习，而不会抱怨声不断。因此，如果你在生活中对某方面感兴趣，很关注或上某科的课时比较有热情，就可以考虑选择这方面的学科。其次，特长能使人的学习得心应手，在竞争中胜人一筹，这是分科选择的重要依据。再次，每一个学生应选择和自己的志向相接近的学科，设想一下自己将来想从事什么样的职业，比如喜欢文学，将来想做记者、编辑；对政治经济感兴趣，将来想从政或研究经济等，这样的学生一般建议选择文科。对自然科学感兴趣或者对科技感兴趣的，将来想当工程师或者技术人员的学生，一般建议选择理科。最后，成绩是文理分科最实际的依据，了解自己各科成绩的确切情况是非常重要的。

小芳的文科成绩和理科成绩差不多，她自己喜欢文科，以后想读汉语言文学专业，毕业后当个语文教师。但是父母反对，他们认为女儿给自己的方向定死了不好，万一以后当不上教师就没什么好工作了，他们觉得理科好，以后专业选择余地大，就业面也广。为此，小芳跟父母发生了争执。

小美和小丽是好朋友，两个人虽然文理科各有优势，但不忍心因为分科而分开。后来她俩又听说班主任要当理科班班主任，两个人商量一起报读理科，但又担心小美将来学习理科没有优势。

你如何看待小芳、小美、小丽的纠结困境？

选择文理科时你有没有情绪上的干扰？你的家人和朋友对你的选择有什么影响？

当社会发展到一定阶段，需要更多的综合性高素质人才，在高中阶段，过分地轻视文科学习或理科学习都是不正确的。理科学生不再学习政治、历史、地理，不再阅读经典著作会导致知识面狭窄，人文精神薄弱。文科学生远离物理、化学、生物，不熟悉基本的自然科学知识，则会导致科学思维与科学精神欠缺训练，同样不利于为国家培养复合型人才。

根据原国家教委颁布的《普通高等学校本科专业目录》（1998 年 7 月颁布）的划分标准，将大学本科的学科专业设置划分为三个层次：第一层次为学科门类；第二层次为学科类；第三层次为专业。

大学理科目前设置的主要学科和专业有哪些？

（1）大学理科目前有四大学科门类：理学、工学、农学、医学。

（2）各学科门类又包含着许多个学科类，具体划分如下。

理学包括：数学类、物理学类、化学类、生物科学类、天文学类、地质学类、地理科学类、地球物理学类、大气科学类、海洋科学类、力学类、电子信息科学类、材料科学类、环境科学类、心理学类、统计学类。

工学包括：地矿类、材料类、机械类、仪器仪表类、能源动力类、电气信息类、土建类、测绘类、环境与安全类、化工与制药类、交通运输类、海洋工程类、轻工纺织食品类、航空航天类、武器类、工程力学类、生物工程类、农业工程类、林业工程类、公安技术类。

农学包括：植物生产类、草业科学类、森林资源类、环境生态类、动物生产类、动物医学类、水产类。

医学包括：基础医学类、预防医学类、临床医学与医学技术类、口腔医学类、中医学类、法医学类、护理学类、药学类。

（3）各学科类下包含理科专业共 150 种。

大学文科目前设置的主要学科和专业有哪些？

（1）大学文科目前有七大学科门类：哲学、经济学、法学、教育学、文学、历史学和管理学。

（2）各学科门类又包含着几个学科类，具体划分如下。

哲学包括：哲学类。

经济学包括：经济学类。

法学包括：法学类、马克思主义理论类、社会学类、政治学类、公安学类。

教育学包括：教育学类、体育类。

文学包括：中国语言文学类、外国语言文学类、新闻传播学类、艺术类。

历史学包括：历史学类。

管理学包括：管理科学与工程类、工商管理类、公共管理类、农业经济管理类、图书档案学类。

第二节 职场疑惑，有问必答！

现在要你描绘未来，你有没有困惑？对于将来选择怎样的职业，你有没有感到茫然，我们要求每一个同学在中学时代就要尝试定位人生，你是否感到无所适从。在这里我们尝试归纳一些同学们可能会遇到的困惑，并给出一定的职场点拨。也请你向家长、老师和你信任的同学求助，看他们能否帮助你开出“处方”。

困惑1 职业定位模糊

职业定位是职业人士通过对行业发展的充分了解，并根据自己的兴趣，确定出自己将要从事的职业方向。职业定位是自我定位和社会定位二者的统一。通常面临下列情况时容易出现职业定位模糊。

1. 选择的专业与自身兴趣、爱好不吻合。
2. 盲目定位，没有充分考虑自身的优劣势。
3. 对目前的学习、生活状态不满意，但又不知所措。
4. 面临多个选择，或对未来职业发展没有把握。

职场处方：

全面、客观、系统地评价自身的职业兴趣、职业能力、爱好特长，分析自己适合做什么，能做什么，知己知彼，才能寻找到符合自我的角色。也要重视分析职业行情和职场形势。在社会需求与个人兴趣爱好之间寻找两者的切合点，明确在社会中所处的角色定位，这样选择职业比较容易找到方向。

困惑2 职业规划缺失

职业规划就是个人针对自身的性格、能力、特长、兴趣、潜能，根据市场的行业发展与从业准则进行分析和测定，制订相应的职业计划，从而达到个人职业发展的终极目标。而很多人却很少会考虑到制订这样的计划，以致迷失方向。一般人对“职业规划”这个词的感觉往往是——难、复杂、麻烦等，更有些人觉得“那是高级人才的事情，跟自己没有关系”。

职场处方：

职业规划是职业生涯的管理工具，其核心是“跟自己谈工作、了解自己”。跟自己谈工作的最好方法是“给自己写信”，写信给将来的自己。在信里，自己跟将来的自己谈谈工作情况，还可以鼓励、夸奖、批评等语言。信的内容都是构成自己职业规划的因素，信的内容越具体，工作规划也就越明确。

困惑3　社会经验匮乏

有的同学完全不懂得该如何了解社会，认为职场是大人们的事情，社会经验非常匮乏，没有知识来源，知识构成过于单一。对于一个职业到底该具备哪些技能、素质，包括一个单位所在的行业位置和发展目标、自己能对某家单位有什么贡献等非常陌生。

职场处方：

选择自己感兴趣的专业，多方面地涉猎，积极地参加社会活动，锻炼和培养健全的人格，是至关重要的事。这一时期，关键在于勇于实践，脚踏实地、认真地去磨炼，在实践中一点一滴地积累，从而对自己的职业前景有一个初步规划。在这期间，培养主动学习、奉献的意识非常重要。努力与不同的人积极合作，互相帮助，每天把自己的心得以小贴士的形式记录下来，作为经验的积累和自我激励的手段。

困惑4　学习动力缺失

学习动力缺失，其实是一种学习倦怠，是学生在相对紧张和繁忙的学习中由于受到环境、情感等内、外因素的影响而出现的一种身心不适、心力交瘁、情感封闭的亚健康状态。学习倦怠的症状有：没有人生奋斗目标，职业前景茫然，缺乏学习的热情和动力；易产生疲劳、厌倦、焦急、烦躁现象；情绪低落，精神不振，心理疲乏。

职场处方：

学习和生活的情况时时刻刻都在变化。即使现在“没劲”，也不能保证以后一定“没劲”。在没有感受到快乐学习之前，就想放弃肯定是不对的。学习倦怠本质上是对生活的一种厌弃、厌烦。为此你必须找出对生活厌烦的原因，可能关键问题还是在对人生的规划上。请你尝试做以下三件事情。

（1）分析自己为什么会陷入学习倦怠的困境，把自己能想到的原因都列举出来，可能会发现学习倦怠的原因并不在学习上。

（2）分析目前的学习情况，对自己的学习情况有一个新的、全面的认识。

（3）寻找具体原因。了解自己的学习倦怠是主观因素造成的还是客观因素造成的？能否通过自己的努力克服？如果可以克服，通过自己的努力克服；如果克服不了，请家长和教师帮忙协助解决。放弃学习是解决学习倦怠最消极的手段，不但解决不了问题，还会留下消极悲观、意志薄弱的“后遗症”。

解决职场困惑，并非只要一个静态的结果，这将是陪伴我们一生的一个动态过程，往往需要我们结合自己职业生涯的每个阶段对自己的职业定位不断做出修正调整。但是，职业定位尽早开始——我们主张在中学时代结合初步的职业规划寻找自己感兴趣的职业方向。学校设置职业辅导课，请著名企业的管理者到学校进行职业辅导与咨询，也可以帮助实现从学生到社会人的顺利过渡。

小资料

影响职业选择的六大因素

1. 个人需求

根据马斯洛的需求层次理论，人们的需求按照从低到高的顺序依次分为：生存需求、安全需求、社交需求、尊重需求、自我实现需求。需求不同，决定了人们的职业追求和职业定位不同。

2. 职业价值观

职业价值观是人们对某一职业的高低贵贱和成败得失的价值判断，是人生目标和处世哲学在职业定位方面的具体体现。

3. 职业期望

职业期望也称职业意向，是人们希望从事某种职业的态度倾向，也就是个人对从事某一职业希望得到的回报和奖赏。职业期望是个人职业价值观的直接反映。

4. 受教育状况

首先，不同的教育程度决定着人们职业发展的不同能量；其次，人们接受教育的专业种类，是职业发展最基本的立足点和出发点；再次，所在的院校不同，接受的教育思想不同，都会影响着人们的职业定位与职业发展。

5. 家庭环境

家庭的环境氛围和家庭成员的言传身教，潜移默化地会使人形成一定的价值观念和行为模式；人们还会从家庭中自觉或不自觉地学习和掌握一定的职业知识与职业技能，进而影响着人们的职业理想与职业定位。

6. 社会环境

社会环境分为两个层次，一是宏观因素，包括政治形势、经济体制、社会文化、职业价值观等，它决定着人们职业选择与转换的自主权与相关决策。二是微观因素，包括本人所在的学校、单位、社区、家族关系、人际关系等，它决定着人们职业选择和转换的具体情境。

思考与讨论

1. 结合自己的实际情况阐述你选择文科或理科的理由。
2. 谈谈你对与文科或理科相关职业的理解。

第七课
懵懂少年　初入职场

十五六岁，一个不大不小的年龄，在一个人的岁月长河中，这真是个快乐如风、美好如梦、缤纷如花，值得用一生珍藏的时代。这个时候的你有很多的灵感，也有很多独特的想法，然而生活在这个世界上，不知怎么的，却总是懵懵懂懂。

鸟儿终究要展开翅膀，种子终究要破土成长，船儿终究要驶向远方，你最后会发现，社会是最好的大学。真正走进社会，所有的懵懂少年都会发现社会这位博学的老师能为我们展示最现实生动的一课。企业是市场经济的主体，让我们借助对企业的观察和剖析掀起社会一角。

第一节　与企业零距离接触

这是我们学校的一次学生研究性学习活动。仔细观察此次研究性学习的主要步骤，你会受益颇多。

研究性学习的题目

走进广百——履行社会责任与提升企业竞争力之间关系的探究

研究背景及过程

广百集团是广东省的大型国企，也是流通服务业的龙头企业。广百集团如何在经营中完成经济效益和社会效益的统一？广百集团在承担、履行社会责任与提升企业竞争力中有着怎样的内在联系？带着这些问题，我们学校组织开展了研究性学习课题“走进广百——履行社会责任与提升企业竞争力之间关系的探究”。

（本节给大家展示部分内容：97中学子赴广百百货公司实地调研访谈记录，97中学生和广百集团荀董事长的书信互动内容。）

97中学子赴广百百货公司实地调研访谈记录（节选）

调研时间：2011年7月4日

调研地点：广百百货北京路店

参与人员：研究性学习小组学生代表，97中政治科教师，广百集团党委副书记、工会主席关治强，集团公司社会责任管理部、广百股份企业文化部等负责人。

调研过程

一、走进广百　感受责任

谢店长（广百百货北京路店店长）：广百百货北京路店坐落于广州市北京路步行街，周边商业文化气息浓厚。广百百货北京路店成立于1991年2月8日，经过20年的经营，我们将该店打造成为广州市城市商业的靓丽名片，也是代表本地提供优质商品和优质服务的老字号商店，连续十多年来，我们的销售额都居于广州市百货商店的销售额榜首。广百百货北京路店的经营面积6万多平方米，从负一楼到九楼共有十一层楼，分为九大商场，集中了很多国内外的一线品牌，国际线品牌达到65%以上，国内线品牌达到60%以上，我们致力于打造广州市最高档的服装城、最时尚的运动城以及最专业的电器城。

北京路店是广百百货的旗舰店，也是广百百货的第一家门店，目前还是广百百货最大的、品种最齐全的、销售额最高的门店，在广百股份公司的发展历程中起着非常重要的作用，引领着广州市时尚消费的潮流，也是广百百货的一个形象窗口，具有较高的社会美誉度和顾客认可度。北京路店近年来荣获许多奖项和优秀称号，包括“全国精品百货店”称号、“全国安康广东省优质班子”称号、“广州市先进集体”称号，以及广州市“金鼎百货店”“广州市先锋队”“优质服务迎亚运先进集体”称号等等。广百会员有40多万人，年消费额以两位数的速度增长，会员销售额占了整个门店销售额的一半以上。我们的服务标准是放心改革，完善管理，紧扣标准，持续升华，永不止步。今年，北京路店9楼装修了新的VIP室，这是迄今为止广州最大的VIP室，至今举办了30多场主题活动，获得众多高端会员的参与，树立了良好口碑。

二、对话高层　读懂广百

（一）

“我们发展到哪里，社会责任就履行到哪里，切实把社会责任纳入企业经营管理体系。”——确保社会责任定位与行业地位、经营战略相一致

学生：作为流通行业的龙头企业，广百集团在履行社会责任方面是如何发挥榜样作用的?

关书记：在回答这个问题之前，大家先了解一下广百集团的社会责任理念。

一、社会责任是广百集团生存与发展的基本依据，必须坚定不移地履行；

二、社会责任是广百集团持续健康发展之本，必须自始至终地追求；

三、社会责任是广百集团获取竞争力的源泉，必须竭尽全力地奉行。

关于广百集团在履行社会责任方面发挥龙头作用，首先是跟广百集团在整个行业中的定位相适应的，我们在制定战略定位时已确立了明确的经营目标体系，而我们实施社会责任战略就是把社会责任的基本主张、价值理念和管理方式嵌入企业的经营运作中，建立一套跟经营目标体系相适应的社会责任管理体系。作为龙头企业，我们每时每刻都把制定的社会责任目标、履行社会责任的工作步骤跟我们的经营管理相适应，我们把履行社会责任的理念和职责灌输到每个员工身上，企业发展到哪里，社会责任就履行到哪里，把社会责任延伸下去。随着企业的不断发展，只要我们的竞争力能保持在整个行业、整个区域中的龙头位置，我们的社会责任工作也可以保持在一个相对比较领先的位置。

（二）

“顾客要有宾至如归感，员工要有成长归属感，企业要有社会责任感。”——《我的幸福商业观》

关书记：在这，我给大家分享一下广百集团的《我的幸福商业观》。这十个幸福观里面既包含了企业履行社会责任的要求，也包含员工对顾客的态度要求。

商品要有安全放心感——永远将商品质量放在经营工作的第一位

摆放要有赏心悦目感——用合理的商品摆放布局提升购物体验

购物要有选择满足感——用丰富的商品种类来满足大众的消费需求

顾客要有宾至如归感——对待每个顾客务求精细一流、超越顾客期望

网点要有繁荣发展感——着眼未来，整体带动周边商圈发展

企业要有社会责任感——及时回馈社会，履行社会公民应尽职责

宾主要有彼此尊重感——提升素质，服务顾客同时获得心灵回馈

心态要有豁达乐观感——在事业的长远发展中正确对待困难

团队要有和谐融洽感——体谅个人不同，相互包容，发挥集体力量

员工要有成长归属感——倾听员工诉求，给员工技能与职位的成长空间

俗话说“顾客就是上帝”，有些“上帝”是比较刁蛮的，对售货员不太尊重，遇到这类顾客或者是处理顾客投诉问题时，我们应该心平气和地做好解释工作，用真诚、尊重、微笑的态度去化解顾客内心的愤怒，同时也希望顾客对我们的售货员有尊重的态度。顾客尊重售货员，售货员尊重顾客，这样的商业社会才会和谐。对员工而言，广百集团是一个团队，广百集团下属的北京路店也是一个团队，正如老师、同学这样一个学习团队，团队要有和谐融洽感。同样，员工要有成长归属感，作为公司领导对待员工要像对待亲人一样，让员工把门店当作自己的家，让员工感觉到在企业就像在自己家里一样。

（三）

“它的发展不仅仅是多品牌，同时也是多业态，有购物中心、风尚广百（GBF），还有超市，所以说它的发展是多品牌、多业态的发展。”——论广百的市场定位

学生：您好！广百集团为什么要进行多品牌同时发展，如广百百货、新大新、广百电器等？它们的市场定位是怎样的？

关书记：广百股份集团的发展不仅仅是多品牌，同时也是多业态的，其旗下还有购物中心、风尚广百（GBF）、广百超市。这主要是为了适应不同人群的需要，满足不同顾客的需求。

贾老师：广百集团并购新大新后，如何对新大新进行定位？

关书记：我们对新大新的定位是区域百货公司，它的辐射范围与广百百货是不一样的。新大新品牌的错位经营，就是从营销策略、管理制度、品牌经营、消费人群、商品价格、商场布局等六个方面进行的，着力打破“千店一面”的格局，鼓励团队强化创新意识，认真研究顾客的需求变化，研究其他业态、其他行业的发展趋势，大胆创新，大胆变革。

（四）

“从研讨的角度看，履行社会责任本身就包括如何去满足不同顾客的消费习惯和消费需求。目前消费者可能更加期望能网上购物，这样可以更多、更快地了解商品信息。从这个角度来讲，网上商城是满足了消费者新的消费需求和趋势的变化。”——论广百网上商城如何履行社会责任

学生：我们了解到广百集团近期准备进军网上商城，请问广百集团在充分利用互联网优质特性的同时又会如何来维护消费者的权益呢？

梁智研：我也想借此机会去了解一下90后对网购的意见。既然这是一个双向沟通的机会，我也想请大家帮忙回答一下。在生活中，什么因素会促使你选择网上消费？什么因素会让你继续选择传统的购物模式？网上商城是我们企业几年前就确定的一个非常重要的发展战略，淘宝网对实体店造成了非常大的冲击，发展网上商城有着前瞻性的战略地位，同时我们也一直在关注消费者的网上购物的观念、习惯所发生的变化。

为了提升网上商城的竞争力，我们把网上商城作为一个事业部来建设。在我们的网上商城消费，可以随时联系到我们的客服人员。通过随机测试发现，我们客服人员的服务水平已经比淘宝网等很多大品牌的网上商城都要做得好，我们在物流配送、商品价格方面也很有优势。从社会责任研讨的角度来看，履行社会责任本身就包括如何去满足不同顾客的消费习惯以及消费需求，目前消费者可能更加期望网上购物，这样可以更多、更快地了解商品信息。从这个角度来讲，网上商城是满足了消费者新的消费需求和趋势的变化。

（五）

“跳出广百看广百，立足广州看广百，放眼全国看广百，融入世界看广百。”——论广百面对激烈竞争趋势的调整

学生：当前社会的竞争越来越激烈，广百集团在企业管理、品牌建设等方面有什么更好的方式？

关书记：面对激烈的竞争趋势，企业必须做出适当的调整。就广百集团来讲，“十二五”时期，我们以把广州建设成为“国家中心城市”以及“国际商贸中心”的定位为引领，制订“大踏步快速健康发展”战略，坚持以百货零售、展贸批发、现代物流为主业，商业地产为配套的“3+1”模式，经营规模将由2010年的160亿增长两倍，达到500亿。大体思路就是：跳出广百看广百，立足广州看广百，放眼全国看广百，融入世界看广百。从一个更高的战略高度来看广百的发展，站在不同的位置看广百的发展。

贾老师：最后一个问题，假如以后想更加深入地了解广百，还能通过哪些途径？如果学生关心企业，还能通过什么渠道去了解呢？

梁智研：我们企业有内刊，以后我们会定期给97中提供企业内刊《广百人报》《广百荟萃》，每个阶段还会出版一些书籍，广百股份最近出版了《腾飞》一书，记录了从1991年至今走过的20年来企业沉淀下来的文化精神、文化精髓，这对企业内部员工、外部人员了解广百集团都是一个非常好的途径。此外，还有广百的网站、微博以及公司年报，这些都是企业跟社会互动交流的最好渠道。

三、寄语97中学子 共建美好未来

“学生只有把课堂知识与社会实践尤其是企业实践结合起来，知识才能更丰富、更扎实、更实在、更有前瞻性。”

学生：感谢关书记以及各位领导，我想请关书记为我们高中生提几句寄语！

关书记：今天我代表集团领导班子和全体员工欢迎97中的老师、同学们到我们广百股份集团考察、学习、交流。对于你们的到来，我们感到很高兴。在你们身上我们看到了新一代学子对国家时事政治、对企业科学发展的关心，看到了你们朝气蓬勃的精神面貌；你们勤奋好学、积极钻研、不耻下问的学习精神，我觉得这种精神会为你们今后的成才、发展打下良好的思想基础。

广百集团的大门会永远为你们敞开的，欢迎在座的同学和今天没能来考察的同学，以后通过正常途径加入到我们广百这个大家庭！我相信97中一定会是我们广百集团注入新生力量的源泉！

学生只有把课堂知识与社会实践尤其是企业实践结合起来，知识才能更丰富、更扎实、更实在、更有前瞻性。我希望你们多到企业、社会进行实践，为我们的国家、我们的企业多做贡献，同时我们也可以从你们身上吸收营养和阳光，使得我们也变得更加年轻、更加有朝气。祝大家学业进步，身体健康！

（编者按：关治强，广百集团党委副书记、工会主席；南方大厦股份有限公司董事长、党委书记；南方大厦商贸发展有限公司董事长。关治强先生作为一个企业家，非常重视社会责任。他在2008年当选为广州亚运会火炬手，2011年又被评为广州青年的“良师益友”。多年来，他作为南大集团的掌舵人，也作为广百集团的领导成员，他和他的同仁、他的企业与社会一起经历了许多风风雨雨，其展现的社会担当，被视为一种境界，更被看作是一种不可推卸的责任。）

荀董事长和97中学生的书信互动

请为广州的老百姓护航
——致广百荀董事长的一封公开信

尊敬的荀董事长：

首先，感谢您对我校研究性学习活动的支持，感谢您亲自为我们的研究性学习做指导。以下是本人以及我带领的研究性学习小组对此次研究性学习筹备过程中对广百集团的发展的所思所想。

我们这次政治研究性学习的主题是“走进广百——履行社会责任与提升企业竞争力之间关系的探究”。认真研究过课题的同学都知道，选择政治研究性学习就意味着疯狂的投入、缜密的思考以及不懈的努力，因为大量的文字和数据信息需要搜集、分析、筛选。只要一陷进去，就会有太多欲罢不能的问题等着我们去探究。就这个课题而言，我们认为探讨履行社会责任与提升企业竞争力的关系，意义重大而深远。我们小组认为，企业经营的目的是盈利，提升企业竞争力是企业盈利的基本途径，而履行社会责任可以说是提高企业竞争力的一个轮子、一双翅膀。

对于广百集团率先探究和制定流通服务业履行社会责任的行业标准的行为，我们相当佩服。近年来不诚信经营的现象比比皆是，有些企业甚至因此而破产。然而在这种以诚信经营为底线的经营模式中，广百集团发扬了新时代广东人精神，敢为人先地向前多走了一步。它不仅仅关注自身的发展，更看到了作为大企业、大龙头在社会生活中的责任与义务。先不谈及广百集团的营业额，就其新时代企业的精神文化便带领着广东乃至全国的企业步入新方向，自觉履行社会责任。

今年的“3·15”消费者权益日当天，媒体曝光了双汇集团的瘦肉精问题以及锦湖轮胎的质量问题。双汇集团是国内目前最大的肉类加工基地，在2006年中国企业五百强排行榜中排在154位。锦湖轮胎是韩国锦湖轮胎株式会社的产品。韩国锦湖轮胎株式会社已有35年制造轮胎的历史，1996年总销售额达120亿元人民币，在世界轮胎生产企业中排名第十位。两家企业分别在我国的食品业及汽车业有着举足轻重的地位，当年的光辉岁月，而今如此“悲催”，总不免还是要提“信”这一字，如果“信”字背后没有一个坚持的承诺，那么“诚信”最多也只是一个金灿灿的空口号。广百集团立足于诚信经营，大力发扬“五色文化”，积极履行社会责任，在带动经济发展的同时，一直坚持服务社会，回报社会。

北京天则经济研究所学术委员会主席张曙光说过，创新和社会责任是打造企业核心竞争力的两个轮子。确实，在这些年的发展中广百集团在重视履行社会责任的同时也兼顾了创新。一个企业只有创新，没有社会责任感，必将引起社会对它的不满。一个企业若只有社会责任感，而不创新，也得不到历史对它的支持。广百集团要继续发展、壮大，继续代表广东企业走向世界，必须在树立大方向的同时更加重视细节。只有做到这些，广百才能叱咤于中国，闻名于世界。

这次荀董事长“走进九七”是对我们活动的最大鼓励，我们必将在了解广百的同时更多地了解社会。

最后，再次感谢荀董事长的亲临指导，期待我们广州人为之骄傲的广百集团愈走愈好！

此致

敬礼！

97中高二（2）班学生 简永业

2011年3月25日

简永业同学：

我看了你的来信，写得很好！你对社会责任的认识很到位，文笔也不错。下面谈一下我的一些感想和对你的期望。

社会责任对于一个民族、一个国家来说非常重要，特别是现阶段，社会责任更是影响解决当前社会经济顽疾，促进社会健康发展的重要因素。而责任心对于我们个人今后的成长和事业的发展也是非常重要的，一个有社会责任心的人，他必定会更被单位、同事和社会认可，必然会做出成绩，成就更大的事业。

根据企业很多人的发展来看，一个人的综合素质很重要。而研究社会责任，它不仅仅能让你有社会责任方面的收获，更会带来综合素质的提升。希望你在课余时间多研究些社会问题，提升自己的综合素质。有时间和精力，还可试着投投稿，这样提升得会更快。这次你的来信被登在了《广百人报》上，全集团上万人都可以看到，你也为广百、为社会做出了贡献。

同时，也希望你们在研究中多给我们提一些意见。感谢你的来信，感谢你对广百集团的关注和称赞。

荀振英

2011 年 4 月 8 日

第二节　体验上班八小时

走进一家企业

请尝试走进一家企业，获取一个观察和劳动的机会，记住：工作环境内的打杂、任务、挑战、意外、客户、加班、会议甚至是别人推过来的杂事等，都是有益的机会，都能为你带来操作经验和小小的成功体验。

活动卡

你选择的企业（或单位）是：________________

你主要负责：________________

请填写你所了解到的这家企业（或单位）的概况：________________

____

你最感兴趣的工种是：________________

给你印象最深刻的细节是：________________

你认为自己距离实现自己的职业理想的差距在于：

A. 知识：________________

B. 能力：________________

C. 人际关系：________________

D. 心理准备：________________

了解工作人员的八小时工作状态

一旦了解了所有能了解到的关于你梦想的工作的信息，下一步就是找业内人士取经了，通过这一过程，你会清楚，自己对某些工作是不是真的感兴趣。请追踪观察或采访一个职业人士的八小时工作状态，并尝试填写下面内容。

活动卡

观察对象：________________

他 / 她的职业：________________

他 / 她的工作年限：________________

用一句话来描述他 / 她的工作内容：________________

____

请填写他 / 她的八小时工作概况：________________

____

____

活动卡

你觉得他 / 她工作中最开心的时刻是：________________________________

____

你觉得他 / 她工作中的最大困难是：________________________________

____

活动卡

给你印象最深刻的细节是：________________________________

____

请你评价一下他 / 她的工作：

A. 工作性质：________________________________

B. 工作压力：________________________________

C. 工作强度：________________________________

D. 他 / 她的工作态度和方法：________________________________

____

采访职场人士，了解不同工作人员的八小时工作状态，可以帮助同学们体验参加工作所需要的知识、能力及心理准备。

你可以从爸爸妈妈、亲戚、你朋友的父母、老师那里寻找线索。同样的工作至少要找 3 个人谈过之后，再决定是放弃还是继续。因为即便是同样的工作，不同的人也会有不同的经历和感受。你需要获得精确的信息。只有和不同的人接触，你才能得出客观的结论。

学会预约采访

如果你要去的单位限制外人进出，对方的工作又很忙，你就需要事先进行电话预约 15 分钟的谈话时间。

◎怎么预约？

自己设计“提案”！写个简短的自我介绍，如下面的例子：

您好，我叫方芳。我是从爸爸那里得到您的联系方式，知道贵公司是从事移动式宠物护理服务的。我自己很喜欢动物，对宠物护理行业也很有兴趣。能否约您谈谈您的工作？只需要 15 分钟。

对方可能会问一下你的个人情况，以及为什么要找他们谈，你要做好充分的准备。

一般，人都喜欢面对面交流。况且大多数人在高中时对职业规划根本一窍不通呢。相信与你谈过的人都会对你印象深刻，说不定你正是他们需要的人。无论如何，这些对你都是有帮助的。

如果他们对你很热情，你要利用好那 15 分钟把自己想问的问题统统问完。

赴约时记得一定要准时、举止得体，把问题准备好，随时做笔记。

如果决定找人陪你一起去，记得礼貌性地问一下对方的意见，是否可以带别人一起去，别贸然就带个人过去。同时，一定要找个举止得体的朋友，别到时让你难堪。

◎如何提问？

也许，你已经提前准备好了问题，不过在采访的过程中难免会有一些新的疑问。在这种情况下，你要记得问下面 5 个问题。这些问题能帮助你很快地了解你喜欢的工作的基本情况。

1. 您是如何获得这份工作的？您此前接受过什么培训，都学过什么？
2. 能告诉我 3～5 项您日常工作的内容吗？
3. 您觉得这份工作哪里好？哪里不好？
4. 在下一个 5～10 年内，您希望自己在所从事的领域里有什么建树？
5. 您有没有其他同事（包括做类似工作的）可以和我聊一聊？

记得要一边交谈，一边做笔记。

电话采访是一个很好的沟通手段。不过最好能去他们的公司看一看，顺便了解一下工作环境。只有见识了现实中的工作环境，你对某种工作的了解才算全面。

小资料：“八小时工作制”

“八小时工作制”的提出最早起源于资本主义发展较早的英国。根据现在所接触到的史料来看，早在 1817 年 8 月，英国空想社会主义者罗伯特·欧文就提出了八小时工作制问题，并把它作为自己所设想的“理想社会”制度的一个重要内容。

1833 年，在欧文的支持下，具有同情心的工厂主约翰·菲尔登、约翰·多赦尔帝等人发动了一场争取八小时工作制的运动。1833 年 11 月 25 日，他们在曼彻斯特成立了“全国更新社”，其宗旨是帮助工人阶级获得每天工作八小时和全天的工资。

1886年5月1日，美国芝加哥的21.6万余名工人为争取实行八小时工作制而举行大罢工，经过艰苦的流血斗争，终于获得了胜利。为纪念这次伟大的工人运动，1889年7月第二国际宣布将每年的5月1日定为国际劳动节。

新中国成立后，劳动人民的政治地位有了很大提高。1956年6月8日，国务院发布了《建筑业实行八小时，小礼拜工作制度的规定》，针对建筑等行业，日工作时间超八小时的现状，提出了改革意见，确保了职工的日工作时间不超过八小时。

随着改革开放的深入，1994年1月24日，国务院发布了《关于职工工作时间的规定》，规定“国家实行职工每日工作8小时，平均每周工作44小时的工作制度”。规定在特殊条件下从事劳动和有特殊情况，需要适当缩短工作时间的，按照国家有关规定执行；还规定因工作性质和工作职责的限制，需要实行不定时工作制的，职工平均每周的工作时间不得超过44小时。新工时制度施行半年后的1994年7月5日，第八届全国人大常委会第八次会议通过了《中华人民共和国劳动法》，将新工时制度上升为国家的法律制度。

思考与讨论

1. 就你所了解的情况和同学们交流职业人士的工作情况。
2. 就你对职业人士上班八小时的观察写一篇心得体会。

第八课
问辩人生　敢想敢闯

人生充满着哲理，认识自己是最深刻的哲理。

平庸的人只知道混沌地走路，却从不审视自己前进的方向，走啊走，自以为走出了一片天地，孰不知依然是原地转圈。浅薄的人只知道对别人夸夸其谈，对自己却总少一份理性的思考；他们习惯于模仿别人、羡慕别人、批评别人、指责别人，因而一辈子也只能生活在别人的影子里。

认识自己，生活顿时变得充实；敢想敢闯，世界顿时变得明亮。

第一节　认识自己需要一个过程

别做职场上的迷失者

严峻的就业形势告诉我们，如果不了解自己很可能会成为职场上的迷失者。

小雨，大专毕业，闯劲十足，短短一年的时间竟换了4份工作。看到自己在外面闯荡的同学，见的世面多，交际广，挣钱多，于是将老家那份还不错的工作辞了，赌气似的来到北京，但由于文化水平不高，只能干简单的文员接待工作。开始的时候她对自己很有信心，工作热情挺高，干得不错，但没有多久就觉得干文员接待工作挣钱不多，没有前途。再加上，她常觉得公司领导水平不高，对自己也不够重视，总是想着攀高枝、走捷径，动不动就说“不行，我炒老板鱿鱼”，一副天下舍我其谁的样子。于是她跳了槽，换了环境，但没有想到的是，后来几家公司聘请她，仍旧去做文员接待，工作依然无聊，于是自信心大受打击，直到此时她才真正认识到自己能力被无限夸大，认识到“知识就是力量”，还有自己对于职业的理解是多么偏颇。

小雨为什么频繁地跳槽？你怎么评价她每次做出的选择？

小雨最后的认知对你来说有什么启示？

现实中，很多人都希望找到自己喜欢的工作，但要找一份好工作，要有一个好的职业发展前景，我们迫切需要做好自我分析，只有了解自我，才会走好自己的职业之路。有关自我探索的问题有：我喜欢什么工作？为什么喜欢？为获得这份工作，我得付出多大的努力？我的实力在哪里？可能遇到的阻力是什么？我能否逾越阻力？我还需要什么教育背景？我如何获得这份工作？这一连串有关自我的问题需要你在寻找工作的过程中不断思考。当你弄明白自己所要的前景以及自身条件时，你就会去努力实现自己的愿望，就能达到你所期望的目标。

找出自己的个性和特长

一般来说，个性越适合某项工作，其对该工作的满意度越高。有些知识管理集团有一套专门测评个人性格、特长及所适合的行业的软件工具。它把人的性格分为：D 型（支配型）、I 型（影响型）、S 型（稳健型）、C 型（服从型）。这四种性格的不同组合基本囊括了所有人的行为特征。

性格小测试

下面我们就举一个乘电梯的例子来测试一下自己的性格。

早上 8 点 50 分，赶着上班的人陆续踏进办公大楼里，电梯前面渐渐聚集了很多等候的人，有的气定神闲，有的面露不耐，有的直盯着楼层的指示灯瞧，有的猛去按上下按钮，有的紧紧地守在一个门口，有的游移在各个门前。

终于，电梯来了……D、I、S、C 四种性格类型的表现，你会倾向于下列哪种呢？

D 型：当大家鱼贯似的走入电梯后，你没有注意后面匆匆赶来的人，直接走进电梯，毫不迟疑地按电钮把门关上，徒留那个只差一步的人，在电梯关门的刹那，露出扼腕与错愕交杂的表情，而站在最靠近电梯门口的你，却瞧也没瞧他一眼。你总是聚焦在自己的目标上，忽略别人的需求与感受。

I 型：电梯门开了，你挤进一个位置，看到外面有自己的同事正准备放弃，你也不管所剩的空间已经有限，不假思索地大声说："快进来，快进来，你这么苗条，没有问题的。"电梯里的气氛安静而凝滞，仿佛在酝酿着一天的忙碌，你却不在意，打破沉寂说："有缘电梯来相会，能挤就挤一挤。反正一下就到了。"

S 型：最右边那台电梯好像比较快，你有点懊恼自己排错位置了，但要不要换过去呢？会不会换了，又变成这边比较快呢？你犹豫不决。很幸运，是这台电梯先到，可是竟然有人从旁边硬挤过来插队，你不愿与他（她）发生争吵，不跟他们抢。眼看电梯快挤满了，你还在想如果这一脚踩进去，电梯发出警鸣声岂不是糗大了，还是等下一趟吧，没关系，总会等到的。

C型：一台电梯可以载重多少公斤，大约多少人，你评估了一下，相信自己可以搭上第一趟电梯。再算一下时间，这个时间绝对不会迟到，于是气定神闲地等着。正如预料的，你不慌不忙地走进电梯，人陆陆续续地挤满了整个空间，渐渐地已经挪不出位置了，但还有人硬要试试看，你不喜欢和陌生人这么贴近，更讨厌这种不守规矩的人，便默默地数一数人数，然后义正辞严地说："已经超载了，请后面挤进来的人搭别台电梯吧。"虽然电梯尚未发出警鸣声，那个被超载的人也只能不好意思地退出了电梯。你倒没有歉意，"本来就应该这样啊！为什么有那么多的人不遵守规定呢？"不过这一切都只是你个人微妙的心理活动，绝不会说出口。

社会心理学家通过研究发现，善于给自己的生活做出规划的人往往比较勤奋、进取，擅长理性思考，对自己成长的每一个阶段都能谨慎把握，一般都能主宰自己的命运，成功的机会也就自然和他们有缘。但是，所有的一切都因为你而开始，这足以说明探索自我有多重要了。

认识自己是一辈子的事情

认识自己需要一个过程。因为认识具有反复性和无限性。

一个正确的思想，往往需要经历由实践到认识、由认识到实践多次反复才能产生。这是因为：第一，事物是复杂的，它的本质的暴露需要一个过程。第二，人的认识能力受历史条件、科学技术条件、实践水平和手段等因素的制约。第三，认识主体存在自身的局限性，受立场、观点、方法、知识水平、经验以及身体素质等因素的制约，人的认识能力的提高是一个不断发展的过程。某一理论、思想、方案等，经过反复实践达到了预想的结果，对这一具体过程的认识就算完成了。

然而，对于过程的推移而言，人的认识运动还是没有完成。这是因为，世界及其联系和发展是无限的，无论在时间上还是在空间上都是无限的，这就决定了人的认识也必然是无限发展的过程。毛泽东指出：实践、认识，再实践、再认识，循环往复以至无穷，每一循环的内容，都相对地进入到了高一级的程度。

古刹里新来了一个小和尚，他积极主动地去见方丈，殷勤诚恳地说："我新来乍到，先干些什么呢？请方丈支使指教。"方丈微微一笑，对小和尚说："你先认识和熟悉一下寺里的众僧吧。"

第二天，小和尚又来见方丈，殷勤诚恳地说："寺里的众僧我都认识了，下边该去干些什么呢？”方丈微微一笑，说：“肯定还有遗漏，接着去了解、去认识吧。”三天过后，小和尚再次来见方丈，满有把握地说：“寺里的所有僧侣我都认识了。”方丈微微一笑说：“还有一人，你没认识，而且这个人对于你特别重要。”

小和尚满腹狐疑地走出方丈的禅房，一个人一个人地寻问着，一间屋一间屋地寻找着。在阳光里、在月光下，他一遍一遍地琢磨、一遍一遍地寻思着。

不知过了多少天，一头雾水的小和尚，在一口水井里忽然看到自己的影子，他豁然顿悟了，赶忙跑去见老方丈。方丈点点头，只跟他说一句：“这个人，你要每天看三遍。早上，你要知道他想做什么，中午你要知道他做了什么，到了晚上，你要知道究竟他能做什么。”

如何理解老方丈的话？为什么要坚持每天看三遍？

你如何认识早上、中午、晚上的自己？

根据不同环境，适时调整目标

列夫·托尔斯泰曾经说过：“要有生活目标，一辈子的目标，一段时期的目标，一个阶段的目标，一年的目标，一个月的目标，一个星期的目标，一天的目标，一个小时的目标，一分钟的目标。”的确，社会环境是不断变化发展的，我们要想取得成功就得不断地适时调整自己，适应周围环境的变化，职业生涯目标的设定也是如此。

职业生涯目标的确定包括人生目标、长期目标、中期目标与短期目标等的确定，它们分别与人生的总体规划、长期规划、中期规划和短期规划相对应。我们要根据个人的经历和所处的环境制定相应的中期目标和短期目标。

在确定了职业生涯目标之后，就要制定相应的行动方案来实现它们，把目标转化为具体的方案和措施。在这一过程中，高中阶段比较重要的行动方案有：文理科的选择；高考填报志愿时专业的选择、院校的选择等。要根据自身在观念、知识、心理素质与能力等方面与自己理想的职业目标要求的差距制订有效的计划。

俗话说：“计划赶不上变化。”要使职业生涯规划行之有效，就要根据人生的发展阶段和环境的发展变化不断地对职业生涯规划进行评估与修订。其修订的内容包括：职业的重新选择；职业生涯路线的选择；人生目标的修正；实施措施与计划的变更等。通过评估和修订使其更符合自身发展和社会发展的需要。职业生涯规划的评估与反馈过程是个人对自己不断认识的过程，也是对社会不断认识的过程，是职业生涯规划最为有效的手段。

第二节　我是创业达人

开心一刻

一个人去买鹦鹉，看到一只鹦鹉前标着：此鹦鹉会两门语言，售价二百元。另一只鹦鹉前则标着：此鹦鹉会四门语言，售价四百元。

该买哪只呢？两只都毛色光鲜，非常灵活可爱。这人转啊转，拿不定主意。结果突然发现一只老的掉了牙的鹦鹉，毛色暗淡散乱，标价八百元。

这人赶紧将老板叫来：这只鹦鹉是不是会说八门语言？

店主说：不。

这人奇怪了：那为什么又老又丑，又没有能力的鹦鹉，会值这个价呢？

店主回答：因为另外两只鹦鹉叫这只鹦鹉“老板”。

创业是一种新的就业方式

有的街角小店生意很火，它的位置你注意过吗？有的社区老店回头客特多，它的品质你能做到吗？某大超市一到周末人山人海，它的管理水平你能做到吗？某个行业很赚钱，它需要经营者承担多少风险和压力，你清楚吗？

创业是创业者对自己拥有的资源或通过努力能够拥有的资源进行优化整合，从而创造出更大的经济价值或社会价值的过程。

创业是一种劳动方式，是一种需要创业者运营、组织、运用服务、技术、器物等进行作业的思考、推理和判断的行为。根据杰夫里·提蒙斯（Jeffry A.Timmons）所著的创业教育领域的经典教科书《创业创造》（*New Venture Creation*）中对创业的定义：创业是一种思考、推理结合运气的行为方式，它为运气带来的机会所驱动，需要在方法上全盘考虑并拥有和谐的领导能力。

创业者应具备的素质

很多人都希望通过自己创业，获得事业的成功。但很多长辈可能会跟你说，别异想天开了，有多少人会创业成功呢。其实，在中学时代，了解一些创业途径，多听一些创业故事，对于我们坚定理想、形成主见、培养创造性思维都是很有裨益的。

数星星

每一种特征是一颗星，数一数，你拥有几颗星？

☆乐观性——习惯于从正面的角度看待人与事

☆社交性——喜欢社交活动并积极与他人互动

☆坚毅性——做事锲而不舍，坚持不懈

☆活　力——精力充沛，活力旺盛

☆企图心——喜欢赢过别人，努力追求个人的最大成就

☆领导性——喜欢担任领导，愿意主动承担责任

☆冒险性——愿意冒险并乐于体验不确定性

☆求变性——喜欢追求变化，尝试新奇事物

☆创造性——喜欢独特思索、创新想法

☆敏觉性——喜欢观察人际互动，随时注意别人反应

请你给自己做一个客观的评价。

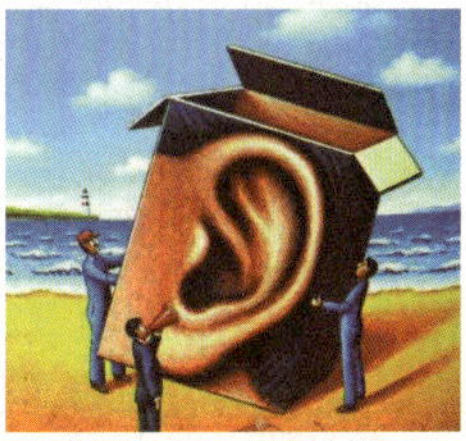

创业应该是人一生中多思考的问题。我们是中学生，这个阶段不可能走出去创业，但是，我们可以动脑筋想出一些创造财富的金点子。比如，你能否尝试利用周末为自己赚到 50 块钱？你能否让自己所在班级的班费上浮 10%？如果你想到了这些点子，你能否说服你的家长和班主任同意实施你的计划？以上这些问题都考验着你的创业智慧和实际行动力。

创业前要慎思

创业前要认真思考、反复评估、考虑成熟后再行动。除了要有足够的资源准备外，心理准备也很重要。以下几个方面的问题，值得好好思考。

第一，我为什么要创业？是否有足够的决心，愿意承担风险吗？

第二，我是否具备创业者应有的能力与素质，是否能承受挫折，是否具有综合全面的素质，是否具有专项技术特长？

第三，我创业成功的核心资源优势是什么？我具备的条件是足够的资本、行业经验、父母或其他长辈可以提供一定的客户资源、技术创新、商业运作能力还是与即将面对的竞争对手相比是否有明显的优势？

第四，是否有足够的耐心与耐力度过创业期的消耗，预计通过多长时间走过

创业瓶颈阶段，自己有多长时间进行准备？在中学时代，你准备在学校里通过哪些行动磨炼自己的意志力？用你的中学时代连同你将来的大学时光回答清楚以上问题之后，你的创业之路一定比别人起步早一些，准备更充分一些。很多创业者的失败，都是由于创业前心理准备不够，匆匆忙忙地进行创业，最后失败得一塌糊涂。

创业名言

这个世界并不在乎你的自尊，只在乎你做出来的成绩，然后再去强调你的感受。

——比尔 · 盖茨

如果10%的利润是合理的，11%的利润是可以的，那我只拿9%。

——李嘉诚

我认为做企业要有这些素质，特别是在中国市场上，那就是：诗人的想象力、科学家的敏锐、哲学家的头脑、战略家的本领。

——宗庆后

对于所有创业者来说，永远告诉自己一句话：从创业的第一天起，你每天要面对的是困难和失败，而不是成功。我最困难的时候还没有到，但有一天一定会到。

——马云

思考与讨论

1. 请认真思考自己的职业规划，并陈述这样规划的理由。
2. 你认为做一个创业者需要什么素质？

第九课
长缨在手　豪情挥缰

弹指间，我们已经走过了十八个春秋。高三来了，十八岁也来了……我们从呱呱坠地的婴儿成长为朝气蓬勃的青年，从单纯无知的少年成长为博闻强识的栋梁之材，从父母身边依偎的雏鸟成长为如今成熟坚强、展翅翱翔的雄鹰……十八个春秋，凝聚了父母多少的关爱和劳苦；十八个冬夏，会集了老师多少的期盼与心血。恰同学少年，风华正茂的我们，已迫不及待地展翅高飞，翱翔天空。

第一节　高三，我来了！

青春的天空，因有了高三而变得格外高远。高三，我们把豪情写在了脸上；高三，我们把激情燃烧成熊熊烈焰！如果我们的青春没了高三，人生会留下多少遗憾；如果高三没有拼搏的激情，青春一定灰迷暗淡。每每想到“高考”这个词时总会让人激情澎湃，豪情万丈！

活动准备

1. 搜集本年级入学以来的活动照片，制作成有背景音乐的视频专辑。
2. 安排各班准备班级展示的内容或节目。
3. 向部分或全部家长及科任老师发出邀请信。
4. 准备可书写的彩色小贴纸（各班可以选择不同形状的小纸片）。
5. 制作贴有本班师生合影的画纸或喷图（一开纸大小）。
6. 准备歌曲《真心英雄》歌词视频及其他背景音乐。

活动程序

（1）我们的精彩瞬间（级长主持）。

级长讲话并主持活动，与师生、家长一起分享学生自入学以来的成长历程。

（2）我们的青春风采。

各班按班别顺序（或抽签）展示本班风采及应考决心。

展示形式可包括：诗歌朗诵、小组唱、全班合唱、小品、自制MV、宣誓等等。

（3）级长现场邀请或采访教师、家长代表，请教师、家长谈谈孩子进入高中以来的进步和成长的感人细节。

（4）我们的愿望之树。

①每位同学在小贴纸上写下自己的高考愿望，贴在本班的愿望树（画纸和喷图）上。

②级长即场采访个别学生，分享心中愿望。

（5）高三全级誓师。

誓词（略）

（6）级长带领唱《真心英雄》（或《强》）。

级长带领全级师生、家长合唱。

（7）活动结束。

高三寄语

有人说高考是人生的一堵墙，是横跨在岁月面前的一条河流。跨越它，人生终将辉煌，那就让我们把足够的耐心、高度的细心、坚定的决心、必胜的信心和一颗淡化自己的平常心装在心中；把紧张、焦虑、害怕、不安、悲观、失望抛掷脑后；向着梦想的舞台前行，燃烧自信，燃烧希望，成就梦想。

这一年我们可以做什么，应该做什么，能做好吗？在此给大家提出几条建议，也算是寄语吧。

第一，要有信心。庄子说过：“志不强者，智不强。”成功须先有信心，再加上行动，最后才能有成功的结果，无论你认为现在有多少遗憾，有多少对高考的焦虑，有多少知识方面的不足，一切都可以放下重头再来。要相信自己通过高中两年的学习，已经掌握了不少的知识和技能，再加上高三的一轮、二轮复习和大量的练习，我们所学的知识是能够覆盖高考考纲的。高考没有什么可怕的，试题无非是平时练习的变式而已，只要认真审题，深入思考，联系所学知识是完全可以解答的。所以最后一年要抓基础知识，多做练习题，熟练基本的题型，要相信我们是有很大的成功的机会的，用不着为自己增加心理压力。要记住你的困难也是每一位考生的困难，高考的号角已经吹响，既然已经上路，就不要问终点在哪里。

第二，要有拼心。距离高考仅有一年的时间，也就是300多天，有的同学认为大势已去，再努力也没有多少意义，有的同学甚至已经放弃。要知道，即使再给你一年的时间，最有效的可能还是最后一段时间，紧急的情况或巨大的压力会唤醒身体并产生巨大的能量。这种能量能够帮助你应对外来的压力。时间越紧迫，压力越大，能量也越惊人。希望以后你们在学习上能发挥巨大的能量，我相信你们。切忌听天由命，荒废时间。

第三，要有静心。静则思明，疑难冰释。高考是一场综合性考试，比拼的不只是智力，还有你的体力、心理及应变能力。面对高考，首先要自我放松，不要过于紧张，用平常心来度过每一天。因为自从你踏入校门那天起，你就注定和考试结下了不解之缘。高考也就是一次更正规的考试而已。只要认真准备，调整心态，调整对自己的期望值，不要划圈子给自己钻，要符合实际，保持旺盛的精力，我们一定能发挥好自己的水平。

第四，要有细心。人本身无所谓愚笨和聪明，人与人之间的差距在很大程度上取决于细节，高考更是如此。高考对于每个人来说都是公平的，但在知识和能力基本定型的情况下，它总是垂青于细心应考者。细心会让你减少失误，不至于意外失分，会让你取得更满意的成绩。专家统计：高考考生由于失误造成的失分平均达30多分。我们肯定在平均分之上，所以，我们要想赢得高考，必须在细节上下功夫。高考是不允许有小闪失的，特别是在遇到较难的试题时更应该冷静，要细致地去分析每一个词、每一个符号、每一个图形，抓准材料中的信息，不让本可以得到的分数白白流失。

作为你们的老师，我们有幸陪大家度过了你们生命中最艰苦，也是最亮丽的时期。在这短短的一年中，我们无法给予你们更多的东西，只能倾其所有，为你们明天的扬帆远航竭尽全力。在以后的时间内，也许会对你们有更苛刻的要求，更艰苦的训练，更严厉的批评，甚至有些言语和行动令你们难以接受。但请你们相信，这一切都是为了你们，为了你们能更快地成熟，为了你们能出类拔萃，为了你们能有更加辉煌的明天。

亲爱的同学们，在这最后的300多个日子里，让信心、拼心、静心和细心成为学习生活的主色调。只要我们团结一致，用计划拒绝散漫，用坚韧拒绝彷徨，用细节拒绝粗放，用平和拒绝急躁，用活力拒绝沉闷，那么信心、拼心、静心、细心这些美好的字眼一定会结出甜美的硕果。

第二节 属于自己的职业生涯规划书

很多时候，我们之所以成功，是因为成功在起点，而非终点。

很多时候，我们之所以失败，是因为失败在起点，而非终点。

如果我们前进的方向错了，此后我们越努力奔跑，离目标也就越远。

在现实生活中，很多人的职业目标最终没能得到实现，究其原因，有些是因为目标设定不准确所致，有些是因为目标需求分析不准确所致，有些是因为目标分解不合理所致，有些是因为目标实施过程中出现偏差所致，还有些是因为没有及时检讨并修订目标所致。

当代中学生职业生涯规划的误区

1. 忽视职业生涯规划

在校中学生缺乏职业生涯规划意识的现象比较普遍，而真正了解职业生涯规划的中学生更是为数不多。据网易网上的问卷调查显示：当问及“你是否对自己的职业生涯有过规划”时，回答“有规划”者的只占被调查者的20.1%。

2. 把职业生涯规划等同于职业选择

职业生涯规划是一个周而复始的连续过程，其过程包括确定志向、自我评估、生涯机会评估、职业选择、职业生涯路线选择、确定目标、制订行动计划、评估与反馈等八个步骤；而职业选择，单纯地讲就是找一份工作，职业选择本身也是根据自身的兴趣、爱好、能力等因素选择符合自己工作的一个过程。显然职业选择是职业生涯规划中的重要一环。

3. 职业生涯规划急功近利

由于近年来就业压力越来越大，很多学生在校与放假期间的大部分时间都在学习，很少考虑工作的事情，社会活动也不想参加，怕影响学习；部分学生不根据自己的实际情况盲目地考证或参加培训；更有见异思迁者，一看到社会上某种职业收入高就想从事该职业，看到别种职位收入高就又想从事那种职业，把自己的职业规划抛到脑后。

中学生职业生涯规划的流程与主要内容

要做好职业生涯规划就必须按照职业生涯设计的流程，认真做好每个环节。

职业生涯设计的具体步骤概括起来主要有以下几个方面。

1. 自我评价

自我评价，也就是全面了解自己。一个有效的职业生涯设计必须是在充分且正确认识自身条件与相关环境的基础上进行的。要审视自己、认识自己、了解自己，做好自我评估，包括自己的兴趣、特长、性格、学识、技能、智商、情商、思维方式等。即要弄清我想干什么、我能干什么、我应该干什么、在众多的职业面前我会选择什么等问题。

2. 确立目标

确立目标是制定职业生涯规划的关键，通常目标有短期目标、中期目标、长远目标和人生目标之分。长远目标需要个人经过长期的坚持不懈的奋斗才有可能实现，确立长远目标时要立足现实、慎重选择、全面考虑，使之既有现实性又有前瞻性。短期目标更具体，对人的影响也更直接，其也是长远目标的组成部分。

3. 环境评价

制定职业生涯规划时还要充分认识与了解相关的环境，评估环境因素对自己职业生涯发展的影响，分析环境条件的特点、发展变化情况，把握环境因素的优势与限制，了解本专业、本行业的地位、形势以及发展趋势。

4. 职业定位

职业定位就是要为职业目标与自己的潜能以及主客观条件谋求最佳匹配。良好的职业定位是以自己的最佳才能、最优性格、最大兴趣、最有利的环境等信息为依据的。职业定位过程中要考虑性格与职业的匹配、兴趣与职业的匹配、特长与职业的匹配、专业与职业的匹配等。确定职业定位时应注意以下几点：

①依据客观现实，考虑个人与社会、单位的关系；

②比较鉴别职业的条件、要求、性质与自身条件的匹配情况，选择条件更合适、更符合自己特长、更感兴趣、经过努力能很快胜任、有发展前途的职业；

③扬长避短，看主要方面，不要追求十全十美的职业；

④审时度势，及时调整，要根据情况的变化及时调整择业目标，不能固执己见，一成不变。

5. 实施策略

实施策略就是要制定实现职业生涯目标的行动方案，要有具体的行为措施来保证。没有行动，职业目标只能是一种梦想。不仅要制订周详的行动方案，更要注意去落实这一行动方案。

6. 评估与反馈

整个职业生涯规划要在实施中去检验，看效果如何，及时诊断职业生涯规划各个环节出现的问题，找出相应对策，对规划进行调整与完善。

由此可以看出，整个流程中正确的自我评价是最为基础、最为核心的环节，这一环节做不好或出现偏差，就会导致整个职业生涯规划出现问题。

职业生涯规划书的具体内容主要包括以下几个方面。

1. 封面

署上作品名称和年、月、日，可以在封面中插入图片和警示格言。

2. 扉页

主要是个人资料，包括真实姓名：××；性别：×；年龄：××岁；班级：××班。

3. 目录

个人职业生涯规划书

针对在职业生涯发展过程中遇到的一些题目进行判断，做一份完美的职业生涯规划书是对自身充分了解、对职业清晰定位的具体表现。根据职业规划进行具体定位，可以节省人生发展的成本，例如机会成本、发展成本等。那么高中生职业生涯如何规划呢？下面为大家提供了两份高中生职业生涯规划书范文，仅供参考。

范文案例

范文一：

高中生职业生涯规划书

一、引言

古语有云：志不定，天下无可成之事。制订职业生涯规划对于每个人，尤其是在校高中学生来说，是非常重要的。只有当我们制订了明确的规划书，我们才会有奋斗的目标和方向，才能时刻检验自己的所作所为是否正确，才能为自己谋得精彩人生！而且早日定下目标，更有助于将来自身的发展和对自己的约束。所以，高中阶段制订职业生涯规划很重要！

二、自我分析

通过冷静的自我剖析、理性的思考，我对自己的性格及未来有了一个更透彻、更全面的认识。这促使我写下了如下面的职业规划书。

我的职业兴趣是会计金融方面，理想的职业岗位是公司财务部管理层，若工作后有能力，希望能考保荐人。我现在是一名高一学生，希望高中毕业后能考上厦门大学会计系并学习金融管理。我还有一个理想，就是在娱乐公司从事幕后工作，例如明星经纪人、作家（编辑）等。

我相信通过高中三年的学习，在金融专业方面，我的能力会得到极大的提高。虽然我也喜欢经纪人等娱乐公司的幕后职业（因为能够近距离接触到明星），但是，我觉得会计金融方面的职业更加现实、更加稳定，前景也更好，更适合我。希望在以后的工作里仍有很高的升职空间和学习深造的机会，也希望能在以后的工作中尝试新鲜的事务，积累丰富的经验并储备知识，接触不同的人，增长见识，提升自己的素质和能力。

我比较喜欢安静而细心、轻松而稳定的工作，比较向往都市白领阶层的工作环境和模式。但偶尔也喜欢尝试新鲜的事物，自身性格也比较能接受新工作、新任务的各项挑战。本人能动能静，做事沉稳，比较有耐心。既适合与人打交道的管理式工作，也能适应相对单调重复式的会计工作。

我认为，无论从事什么职业，最重要的一点是喜欢并能胜任这份工作。我父亲是会计专业的，母亲也从事金融方面的工作，所以可能受父母影响，我更喜欢会计金融方面的工作。

优势有：

（1）责任心强，有耐心。

（2）性格随和，懂得灵活变通。

（3）热爱这份工作，努力，有决心。

（4）表达能力较好，人缘较好，与周围的人相处融洽，为人和善。

劣势是：

（1）关于这方面的知识较少，敏感度不够。

（2）缺乏实际工作经验和社会经验。

三、职业分析

通过与家人的集体讨论以及在人才市场所做的调查，再结合自身的兴趣和能力，我对影响自己职业选择的因素和相关情况做了如下分析。

1. 家庭环境分析

我是土生土长的广州人，父亲的职业是会计，母亲也从事金融相关方面的工作。但不存在父母为我安排好工作的可能，所以毕业后必须自己找工作。我们整个家族对教育是十分重视的，他们认为只有通过教育才可以获得好的工作，父母希望我可以找份稳定的、待遇不错的金融方面的工作。父母的职业对我也有一定的影响，我学习经济方面的知识，对金融方面充满好奇心，平时看新闻报纸时也有积累这方面的知识，也喜欢了解股票等。

2. 社会环境分析

当前就业形势严峻，大学毕业生普遍出现工作难找的问题。针对这一问题，我们所能做的就是提高自身的综合能力，加强专业技能修养，同时具备良好的社会适应能力。作为刚步入高中的学生，应意识到竞争的激烈性，我们不仅要和同等学力的其他高校毕业生竞争，而且还要与具有研究生学历、博士学历的人竞争。所以，唯有加强自身的竞争力，才可在社会中占有一席之地。

3. 职业环境分析

（1）行业分析。

会计适应中国外向型经济的发展趋势，国家急需一批既懂中国会计惯例，又懂国际会计惯例的会计人员和财务管理者。此外，CPA、ACCA等专业就业前景好，行业人才稀缺，社会需求量大，待遇也比较丰厚。会计工作的前景还算比较好，特别是高层次的财务管理人员，市场需求较大，发展前景和潜力都很好。

（2）企业分析。

①国企：人员需求大，但待遇和发展前景一般。

②民企：大多数企业只招收普通的会计人员，不要求其具有财务惯例和分析能力的专业人员。

③外企：对职员整体素质要求较高，待遇和发展前景都较好，竞争性强；需要具备一定的财务惯例和分析能力的专业人员，并会定期对职员进行专业培训和组织文化学习；实行淘汰机制，工作压力较大。

④事务所：薪酬待遇良莠不齐，视事务所的具体规模而言；大多数事务所的工作任务都比较繁重，整体要求较高；应届毕业生能从中学习到很多实际的东西，充分考验意志和能力。

⑤公务员：工作稳定但难有较大发展；在高校当教师的话，工作轻松稳定，压力小，但常被当作有经验的会计人员的第二职业。

4. 地域分析

目前，我所在的广州市，会计人员集聚，有着激烈的竞争和高压的淘汰制度，会计、金融属于热门行业，就业压力较大。但广州属于沿海发达城市，会计事务所较多，就业机会也多。

四、计划实施

我现在正就读高一，我的职业生涯规划总计划如下。

2014—2016年短期计划（高中阶段计划）：高中毕业后考入厦门大学。

高一以适应高中为主，主要打好基础，保持总分在年级前三十名。

高二寻求好的学习方法，力争文科年级前五名；并迎接会考拿到毕业证。

高三全力冲刺高考，成为学校的本科指标（最好是重本）。

2016—2022年中期计划（大学加研究生阶段计划）：顺利毕业并找到工作（关于会计金融或者娱乐编辑等方面工作）。

第一年以学习为主，强化基础；第二年开始可以在校外兼职，锻炼自己的能力，增加社会经验；第三年，争取通过国家英语四级考试；第四年，争取拿到毕业证书和学士学位证书。大学毕业后考研究生或者去国外深造。

2022—2027年长期计划（工作五年计划）：在工作岗位上表现优异，获得提升的机会，适应工作环境并施展才华。

五、评估调整

俗话说，计划赶不上变化，职业规划同样也是一个动态的过程，它受诸多因素的限制，往往一个因素的变化就会导致整个计划的不可实施。所以说，一份职业规划书不可能伴随终生，我们势必要根据具体情况的变化而不断对其进行修改。

（1）评估的内容。

我的职业规划是在考上大学的基础上制订的，如果考不上大学，那么我的计划将全盘落空，我将不得不重新制订新的可行的计划。

（2）评估的时间。

一般情况下，我会半年定期检验自己是否做到如规划书上的安排。因为半年时间比较容易及时地发现自己存在的缺陷和规划书的不足之处，可以及时地改进一些错误，从而使得规划书与时俱进，同时更能反映自己的需要和要求。

六、结束语

制订职业规划书是件容易的事，但是若想真正按照规划书的要求来做还是相当有难度的，我希望自己可以按照规划书的步骤，一步一步地向自己的目标迈进。

范文二：

高中生职业生涯规划书

一、引言

古语有云：志不定，天下无可成之事。制订职业生涯规划对于每个人，尤其是在校高中学生来说是非常重要的。只有当我们制订了明确的规划书，我们才会有奋斗的目标和方向，才能时刻检验自己的所作所为是否正确，才能为自己谋得精彩人生！而且早日定下目标，更有助于将来自身的发展和对自己的约束，所以，我认为在高中阶段制订职业生涯规划很好而且很重要！

二、自我分析

通过冷静的自我剖析、理性的思考，我对自己的性格及未来有了一个更透彻、更全面的认识。这促使我写下了如下面的职业规划书：

1. 职业兴趣

我的职业兴趣和理想的工作岗位是当一名活动策划师，我希望将来自己能从事一份有挑战性的工作，而我又喜欢策划，因此活动策划师无疑是最佳选择。我现在是一名优秀的高一学生，希望高中毕业后能考上一所重点大学，学习活动策划相关的专业。

2. 职业能力

我相信通过高中三年的学习和综合训练会使自己在活动策划方面的能力得到极大的提升，并且我相信自己由衷地热爱这份职业，会使自己在活动策划方面做得更好。

3. 个人特质

我的个性比较温和，有耐心，有极强的责任心，与同学相处融洽；我也能够与陌生人进行良好的交流和沟通。之所以选择活动策划师这份职业，也是希望自己可以认识更多的人，俗话说“在家靠父母，出门靠朋友”，我认为自己是一个交友广泛和喜欢社交的人，希望把自己的这种特质充分挖掘出来。

4. 职业价值观

我认为，无论从事什么职业，最重要的一点是喜欢并能胜任这份工作。

5. 胜任能力

我从事活动策划工作的优势是：

（1）责任心强，有耐心，独立能力强。

（2）人缘好，与周围的人相处融洽，有亲和力。

（3）组织能力和管理能力较强。

（4）善于沟通和合作，应变能力较好。

我的劣势是：缺乏实际工作经验。

三、职业分析

通过与家人的集体讨论以及在人才市场所做的调查，再结合自身的兴趣和能力，我对影响自己职业选择的因素和相关情况做了如下分析。

1. 家庭环境分析

我出生在都市，我们整个家族对教育十分重视，父母鼓励我多去做自己想做的事情，他们希望我可以找到一份与自己兴趣和能力相符、稳定且待遇不错的工作。因为父母从事的工作对我也有一定的影响，喜欢与人打交道，喜欢成功后的喜悦感。

2. 社会环境分析

当前就业形势严峻，大学毕业生普遍出现工作难找的问题。针对这一问题，我们所能做的就是提高自身的综合能力，加强专业技能修养，同时具备良好的社会适应能力。作为刚步入高中的新生，应意识到竞争的激烈性，我们不仅要和同等学力的其他高校毕业生竞争，而且还要和具有研究生学历、博士学历的人竞争。所以，唯有加强自身的竞争力，才可在这社会中占有一席之地。

3. 职业环境分析

（1）行业分析。

人与人之间的交往离不开交流与合作，活动策划等公关事业在社会发展中起着至关重要的作用，它的发展状态是积极向上的，其在当今社会是不可或缺的。之所以选择活动策划的职业岗位，不但要考虑到自己的能力和兴趣，也要考虑到它的社会地位和发展前景。

（2）职业分析。

活动策划方面的工作较为宽泛，对职员本身的专业技能和经验要求较高，社会地位和待遇都相对较好。

（3）企业分析。

活动策划是一个组织为创造良好的生存环境、发展环境，通过一系列有目的、有计划、持续的传播沟通工作，与其特定的公众对象建立起来的一种和谐的社会关系。

（4）地域分析。

我之所以选择在广州工作，首先是因为它是我成长的地方，对广州文化的了解较多；其次，广州作为国内经济较发达的地区，就业机会相对较多，社会资源也丰富。

四、计划实施

我现在正就读高一，我的职业生涯规划总计划如下：

2014—2016 年短期计划（高中计划）：高中毕业后考入重点大学。

高一主要打好基础，高二迎接会考拿到毕业证，高三全力冲刺高考。

高一以适应高中为主；

高二寻求好的学习方法，力争年级较前的排名；

高三成为学校的本科指标。

2016—2020 年中期计划（大学计划）：顺利毕业并找到工作。

以学习为主，实习为辅。

第一年以学习为主，强化基础；第二年开始可以在校外兼职，锻炼自己的能力，增加社会经验；第三年，争取通过国家英语四级考试；第四年，争取拿到毕业证书和学士学位证书。

2020—2025 年长期计划（工作五年计划）：在工作岗位上表现优异，获得提升的机会。

适应工作环境并施展能力。

前两年以适应工作环境，树立良好的个人形象为主；第三年开始可以尽力发挥，以获得优异的工作成果。

五、评估调整

俗话说，计划赶不上变化，职业规划同样也是一个动态的过程，它受诸多因素的限制，往往一个因素的变化就会导致整个计划的不可实施，所以说，一份职业规划书不可能伴随终生，我们势必要根据具体情况的变化而不断对其进行修改。

1. 评估内容

我的职业规划是在考上大学的基础上制订的，如果考不上大学，那么我的计划将全盘落空，就不得不重新制订新的可行的计划。

2. 评估的时间

一般情况下，我会半年定期检验自己是否做到如规划书上的安排，因为半年时间比较容易及时发现自己的缺陷和规划书的不足，可以及时改进一些错误，从而使得规划书能与时俱进，更能反映自己的需要和要求。

六、结束语

制订职业规划书是件容易的事，但是若想真正按照规划书的要求来做还是有相当的难度的，我希望自己可以按照规划书的步骤，一步一步地向自己的目标迈进。

思考与讨论

请认真思考之后，拟写一份属于自己的职业生涯规划书。

第十课
多歧之路　理想之光

雏鹰经过多年的磨砺，终将翱翔于广阔的天空；我们经过高中三年的洗礼，终将蜕去少年的青涩，变得自信而成熟。三年的刻苦学习，赋予我们智慧与力量；三年的成长历程，赋予我们深厚的师生情谊、真诚的同窗友谊。面对未来的挑战，我们愿意用青春和活力去迎接，相信我们！

第一节　我的理想大学

高校概况

高等学校泛指对公民进行高等教育的学校。中国高等学校分为两大类：普通高等学校和成人高等学校（见下表）。

国家教育行政部门批准或备案			
高等学校	普通高等学校	本科层次	××大学
			××学院
		专科层次	××专科学校
			××高等专科学校
			×× 职业技术学院
			××职业学院
	成人高等学校		××广播电视大学
			××职工大学
			××业余大学
			××职工医学院
			××管理干部学院
			××教育学院

普通高等学校（简称普通高校）是指国家教育行政部门批准或备案的以实施普通高等学历教育为主的高等学校。从学历层次上划分，可分为本科层次和专科

层次；从类型上划分，可分为：综合性、师范类、工科类、农业类、医药类、林业类、语文类、财经类、政法类、体育类、艺术类、民族类等高校。

根据高考录取批次的不同，本科院校可分为一本（重点本科院校）、二本（普通本科院校）和三本（独立学院、民办高校等），但它们同属于一个层次和等级，即本科教育层次。“重点本科院校”与“普通本科院校”只是侧重点不同，无本质差别，前者更注重理论研究，后者更注重理论实践的应用。

“211工程”“985工程”简介

“211 工程”是由教育部（原国家教委）提出的高等教育重点建设项目。其目标是，面对 21 世纪，经过 10 年或者更长时间的努力，重点建设 100 所左右的高等学校和一批重点学科，以此为我国进入 21 世纪准备骨干人才，使相当一批高等学校和重点学科能够成为培养高层次专门人才、解决国家经济建设和科技发展等重大问题的基地，在教育质量、科学研究和管理方面处于国内先进水平，并有一定的国际影响力。其中若干所高等学校和部分重点学科点达到或接近世界先进水平。

广东省内的“211 工程”院校有：中山大学、华南理工大学、暨南大学、华南师范大学。

“985 工程”：1998 年 5 月 4 日，江泽民同志在庆祝北京大学建校一百周年大会上宣告“为了实现现代化，我国要有若干所具有世界先进水平的一流大学”，从此，一个面向 21 世纪振兴中国高等教育的“行动计划”——“985 工程”拉开帷幕，国家决定投入极大的资金重点支持北京大学、清华大学等高校创建世界一流大学和高水平大学，简称“985 工程”。“985 工程”是党和国家继“211 工程”之后推出的科教兴国的又一重大举措。

全国“985 工程”院校有清华大学、北京大学、中国科学技术大学、南京大学、复旦大学、上海交通大学、西安交通大学、浙江大学、哈尔滨工业大学、南开大学、天津大学、东南大学、华中科技大学、武汉大学、厦门大学、山东大学、湖南大学、中国海洋大学、中南大学、吉林大学、北京理工大学、大连理工大学、北京航空航天大学、重庆大学、电子科技大学、四川大学、华南理工大学、中山大学、兰州大学、东北大学、西北工业大学、同济大学、北京师范大学、中国人民大学、华东师范大学、中国农业大学、国防科学技术大学、中央民族大学、西北农林科技大学。

我的理想大学

活动卡

我的理想大学是：________________

我喜欢的专业是：________________

请调查该大学该专业近三年的录取分数线：

20______：____________________分

20______：____________________分

20______：____________________分

截至2015年5月21日，全国高等学校共计2845所，其中：普通高等学校2553所（含独立设置民办普通高校447所，独立学院275所，中外合作办学7所）；成人高等学校292所。以下是广东省普通高等学校名单。

广东省内本科院校一览表

序号	学校名称	主管部门	所在地	办学层次	备注
广东省(142所)					
1809	中山大学	教育部	广州市	本科	211/985
1810	暨南大学	国务院侨办	广州市	本科	211
1811	汕头大学	广东省	汕头市	本科	
1812	华南理工大学	教育部	广州市	本科	211/985
1813	华南农业大学	广东省	广州市	本科	
1814	广东海洋大学	广东省	湛江市	本科	
1815	广州医科大学	广东省	广州市	本科	
1816	广东医学院	广东省	湛江市	本科	
1817	广州中医药大学	广东省	广州市	本科	
1818	广东药学院	广东省	广州市	本科	
1819	华南师范大学	广东省	广州市	本科	211
1820	韶关学院	广东省	韶关市	本科	
1821	惠州学院	广东省	惠州市	本科	

续上表

序号	学校名称	主管部门	所在地	办学层次	备注
1822	韩山师范学院	广东省	潮州市	本科	
1823	岭南师范学院	广东省	湛江市	本科	
1824	肇庆学院	广东省	肇庆市	本科	
1825	嘉应学院	广东省	梅州市	本科	
1826	广州体育学院	广东省	广州市	本科	
1827	广州美术学院	广东省	广州市	本科	
1828	星海音乐学院	广东省	广州市	本科	
1829	广东技术师范学院	广东省	广州市	本科	
1830	深圳大学	广东省	深圳市	本科	
1831	广东财经大学	广东省	广州市	本科	
1832	广东白云学院	广东省教育厅	广州市	本科	民办
1833	广州大学	广东省	广州市	本科	
1834	广州航海学院	广东省	广州市	本科	
1835	广东警官学院	广东省	广州市	本科	
1836	仲恺农业工程学院	广东省	广州市	本科	
1837	五邑大学	广东省	江门市	本科	
1838	广东金融学院	广东省	广州市	本科	
1839	电子科技大学中山学院	广东省教育厅	中山市	本科	民办
1840	广东石油化工学院	广东省	茂名市	本科	
1841	东莞理工学院	广东省	东莞市	本科	
1842	广东工业大学	广东省	广州市	本科	
1843	广东外语外贸大学	广东省	广州市	本科	
1844	佛山科学技术学院	广东省	佛山市	本科	
1845	广东培正学院	广东省教育厅	广州市	本科	民办
1846	南方医科大学	广东省	广州市	本科	
1847	广东东软学院	广东省教育厅	佛山市	本科	民办
1848	华南理工大学广州学院	广东省教育厅	广州市	本科	民办
1849	广州大学华软软件学院	广东省教育厅	广州市	本科	民办
1850	中山大学南方学院	广东省教育厅	广州市	本科	民办

续上表

序号	学校名称	主管部门	所在地	办学层次	备注
1851	广东外语外贸大学南国商学院	广东省教育厅	广州市	本科	民办
1852	广东财经大学华商学院	广东省教育厅	广州市	本科	民办
1853	广东海洋大学寸金学院	广东省教育厅	湛江市	本科	民办
1854	华南农业大学珠江学院	广东省教育厅	广州市	本科	民办
1855	广东技术师范学院天河学院	广东省教育厅	广州市	本科	民办
1856	北京师范大学珠海分校	广东省教育厅	珠海市	本科	民办
1857	广东工业大学华立学院	广东省教育厅	广州市	本科	民办
1858	广州大学松田学院	广东省教育厅	广州市	本科	民办
1859	广州商学院	广东省教育厅	广州市	本科	民办
1860	北京理工大学珠海学院	广东省教育厅	珠海市	本科	民办
1861	吉林大学珠海学院	广东省教育厅	珠海市	本科	民办
1862	广州工商学院	广东省教育厅	广州市	本科	民办
1863	广东科技学院	广东省教育厅	东莞市	本科	民办
1864	广东理工学院	广东省教育厅	肇庆市	本科	民办
1865	东莞理工学院城市学院	广东省教育厅	东莞市	本科	民办
1866	中山大学新华学院	广东省教育厅	广州市	本科	民办
1867	广东第二师范学院	广东省	广州市	本科	
1868	南方科技大学	广东省	深圳市	本科	
1869	北京师范大学–香港浸会大学联合国际学院	广东省教育厅	珠海市	本科	中外合作办学
1870	香港中文大学(深圳)	广东省教育厅	深圳市	本科	中外合作办学
1871	顺德职业技术学院	广东省	佛山市	专科	
1872	广东轻工职业技术学院	广东省	广州市	专科	
1873	广东交通职业技术学院	广东省	广州市	专科	
1874	广东水利电力职业技术学院	广东省	广州市	专科	
1875	潮汕职业技术学院	广东省教育厅	揭阳市	专科	民办
1876	深圳职业技术学院	广东省	深圳市	专科	
1877	民办南华工商学院	广东省教育厅	广州市	专科	民办

续上表

序号	学校名称	主管部门	所在地	办学层次	备注
1878	私立华联学院	广东省教育厅	广州市	专科	民办
1879	广州民航职业技术学院	交通运输部	广州市	专科	
1880	广州番禺职业技术学院	广东省	广州市	专科	
1881	广东松山职业技术学院	广东省	韶关市	专科	
1882	广东农工商职业技术学院	广东省	广州市	专科	
1883	广东新安职业技术学院	广东省教育厅	深圳市	专科	民办
1884	佛山职业技术学院	广东省	佛山市	专科	
1885	广东科学技术职业学院	广东省	广州市	专科	
1886	广东食品药品职业学院	广东省	广州市	专科	
1887	广州康大职业技术学院	广东省教育厅	广州市	专科	民办
1888	珠海艺术职业学院	广东省教育厅	珠海市	专科	民办
1889	广东行政职业学院	广东省	广州市	专科	
1890	广东体育职业技术学院	广东省	广州市	专科	
1891	广东职业技术学院	广东省	佛山市	专科	
1892	广东建设职业技术学院	广东省	广州市	专科	
1893	广东女子职业技术学院	广东省	广州市	专科	
1894	广东机电职业技术学院	广东省	广州市	专科	
1895	广东岭南职业技术学院	广东省教育厅	广州市	专科	民办
1896	汕尾职业技术学院	广东省	汕尾市	专科	
1897	罗定职业技术学院	广东省	云浮市	专科	
1898	阳江职业技术学院	广东省	阳江市	专科	
1899	河源职业技术学院	广东省	河源市	专科	
1900	广东邮电职业技术学院	广东省	广州市	专科	
1901	汕头职业技术学院	广东省	汕头市	专科	
1902	揭阳职业技术学院	广东省	揭阳市	专科	
1903	深圳信息职业技术学院	广东省	深圳市	专科	
1904	清远职业技术学院	广东省	清远市	专科	
1905	广东工贸职业技术学院	广东省	广州市	专科	
1906	广东司法警官职业学院	广东省	广州市	专科	
1907	广东亚视演艺职业学院	广东省教育厅	东莞市	专科	民办

续上表

序号	学校名称	主管部门	所在地	办学层次	备注
1908	广东省外语艺术职业学院	广东省	广州市	专科	
1909	广东文艺职业学院	广东省	广州市	专科	
1910	广州体育职业技术学院	广东省	广州市	专科	
1911	广州工程技术职业学院	广东省	广州市	专科	
1912	中山火炬职业技术学院	广东省	中山市	专科	
1913	江门职业技术学院	广东省	江门市	专科	
1914	茂名职业技术学院	广东省	茂名市	专科	
1915	珠海城市职业技术学院	广东省	珠海市	专科	
1916	广州涉外经济职业技术学院	广东省教育厅	广州市	专科	民办
1917	广州南洋理工职业学院	广东省教育厅	广州市	专科	民办
1918	广州科技职业技术学院	广东省教育厅	广州市	专科	民办
1919	惠州经济职业技术学院	广东省教育厅	惠州市	专科	民办
1920	广东工商职业学院	广东省教育厅	肇庆市	专科	民办
1921	肇庆医学高等专科学校	广东省	肇庆市	专科	
1922	广州现代信息工程职业技术学院	广东省教育厅	广州市	专科	民办
1923	广东理工职业学院	广东省	广州市	专科	
1924	广州华南商贸职业学院	广东省教育厅	广州市	专科	民办
1925	广州华立科技职业学院	广东省教育厅	广州市	专科	民办
1926	广州城市职业学院	广东省	广州市	专科	
1927	广东工程职业技术学院	广东省	广州市	专科	
1928	广州铁路职业技术学院	广东省	广州市	专科	
1929	广东科贸职业学院	广东省	广州市	专科	
1930	广州科技贸易职业学院	广东省	广州市	专科	
1931	中山职业技术学院	广东省	中山市	专科	
1932	广州珠江职业技术学院	广东省教育厅	广州市	专科	民办
1933	广州松田职业学院	广东省教育厅	广州市	专科	民办
1934	广东文理职业学院	广东省教育厅	湛江市	专科	民办
1935	广州城建职业学院	广东省教育厅	广州市	专科	民办

续上表

序号	学校名称	主管部门	所在地	办学层次	备注
1936	东莞职业技术学院	广东省	东莞市	专科	
1937	广东南方职业学院	广东省教育厅	江门市	专科	民办
1938	广州华商职业学院	广东省教育厅	广州市	专科	民办
1939	广州华夏职业学院	广东省教育厅	广州市	专科	民办
1940	广东环境保护工程职业学院	广东省	佛山市	专科	
1941	广东青年职业学院	广东省	广州市	专科	
1942	广州东华职业学院	广东省教育厅	广州市	专科	民办
1943	广东创新科技职业学院	广东省教育厅	东莞市	专科	民办
1944	广东舞蹈戏剧职业学院	广东省	广州市	专科	
1945	惠州卫生职业技术学院	广东省	惠州市	专科	
1946	广东信息工程职业学院	广东省教育厅	肇庆市	专科	民办
1947	广东生态工程职业学院	广东省	广州市	专科	
1948	惠州城市职业学院	广东省	惠州市	专科	
1949	广东碧桂园职业学院	广东省教育厅	清远市	专科	民办
1950	公安边防部队高等专科学校	公安部	广州市	专科	

第二节 我的志愿选择

如果你的职业目标需要你上大学，那么你在国内上还是去国外上？哪一个更有利于你提高自己的职业竞争力？在职业探索的过程中，你是否已经明白？如果你还不清楚，你可以进一步探索，也可以和父母、教师商量，做出最适合你的选择。对于我们将要学习、生活 4 年时间的大学，我们应该花点时间进行必要的探索。

平行志愿解读

（一）什么是平行志愿

若干个平行但有顺序排列的院校志愿，按照“分数优先、遵循志愿”的原则，根据考生高考成绩从高到低的排序情况和院校志愿顺序投档，投出档案均视为第一志愿，由高校择优录取。

平行志愿——分数优先，投档有序，一次投档。

梯度志愿——志愿优先，按分投档，多次补档。

（二）实行平行志愿的范围（以 2011 年为例）

科类：文史类、理工类（提前批除外）

层次：本科（本 A、本 B）

（三）平行志愿的志愿设置（以 2011 年为例）

本科各批次均设置第一、第二两个考生院校志愿组。每个考生院校志愿组设 3 个 A、B、C 顺序排列的院校志愿（即考生每批可填报两组志愿共 6 个院校志愿）。每所院校设 6 个专业志愿和 1 个专业服从选项。

（四）平行志愿投档顺序

（1）先进行考生排序：对一定分数以上的考生进行排序。

首先，按照总分排序。按文科、理科考生成绩总分从高到低排序。符合政策加分的考生则以统考成绩总分加照顾加分分值后参与排序。

如果考生总分排序相同，则按统考科目成绩总分（即不含政策性照顾加分，下同）从高到低排序。

如果统考科目成绩总分仍相同，则按单科顺序及分数从高到低排序。

例如，甲考生比乙考生只高 1 分，如果甲考生平行志愿中排位在最后的那个院校志愿尚未完成检索、投档过程，就不会对乙考生平行志愿中排位在最前的那个院校志愿进行检索、投档。

（2）再按照顺序投档。

首先，按院校志愿组顺序投档：先进行第一志愿组投档录取，第一志愿组录取结束后，再进行第二志愿组投档录取（第一志愿组最重要，第二志愿组仅为第一志愿组的补充，目的是增加保险系数）。

其次，在每一志愿组内按志愿顺序投档：按考生排序情况从高分到低分进行检索，然后按志愿顺序依次检索考生填报的 A、B、C 等志愿。如果考生符合 A 志愿院校的投档条件，则投档 A 志愿院校；如果达不到 A 志愿院校的投档条件，则继续检索后续的 B 志愿，以此类推。

注意：考生档案一旦投出，不再检索该考生其他志愿。

（3）预投档。

预投档属内部工作，在正式投档前分两次进行；目的是为了便于高校了解生源，争取更多的招生计划，确定合理的投档比例，减少退档考生数量，保障档案流转正常。

（4）正式投档。

正式投档的比例：按学校确定的投档比例，一般不高于 1 ∶ 1.05；如学校不确定，以 1 ∶ 1 的比例投档。

广东省平行志愿的特点

平行志愿的共同特点：

（1）分数优先进行投档；

（2）遵循考生志愿顺序；

（3）实行一次投档原则。

广东省在实施平行志愿的过程中又有如下两个特点：

（1）设置两个院校志愿组，按志愿组顺序投档。

设置第二院校志愿组作为第一院校志愿组的补充，一方面可尽量解决第一志愿组退档考生的出路，让考生多一次投档机会；另一方面又可弥补第一院校志愿组生源不足的问题，并适当解决高校及专业录取分数扁平化的问题。

（2）只在本科层次院校实行。

对考生填报志愿的建议

（一）知己知彼，充分掌握信息

知己：

正视自己的成绩、身体条件、兴趣、特长和志向。了解自己在全省考生中的排位，以及这个排位在往年的录取情况。

知彼：

（1）充分了解各院校的层次类型以及对考生的特殊要求；了解各院校的办学条件、特色、社会声誉等。

（2）充分估计他人如何填报。

高校招生常会出现忽冷忽热的现象（俗称“大小年”），因此要充分了解各高校历年（而不仅仅是去年）的上线人数、投档最低分、录取平均分、计划完成情况以及周边同等水平同学报考、录取的情况。

2010—2015年广东省普通高校招生录取分数线及艺术类本科资格线见下表。

2015年广东省普通高校招生录取最低控制分数线/分

科类/批次	一批	二批A	二批B	三批A	三批B
文科类	573	524	474	403	270
理科类	577	519	483	407	280
体育类	410 术240	330 术200	320 术198	292 术183	260 术178
美术类	345 术234	335 术224	325 术214	285 术195	255 术170
音乐类	348 术230	330 术207	315 术202	280 术180	255 术160

※2015年广东省艺术类术科统一考试本科资格线划定为：美术180分、音乐170分。

2014年广东省普通高校招生录取最低控制分数线/分

科类/批次	一批	二批A	二批B	三批A	三批B
文科类	579	534	483	425	290
理科类	560	504	465	400	280
体育类	407 术240	328 术200	315 术198	290 术183	270 术178
美术类	350 术236	340 术226	330 术215	290 术200	260 术175
音乐类	350 术231	335 术208	320 术203	290 术183	260 术160

※2014年广东省艺术类术科统一考试本科资格线划定为：美术180分、音乐160分。

2013年广东省普通高校招生录取最低控制分数线/分

科类/批次	一批	二批A	二批B	三批A	三批B
文科类	594	546	498	430	300
理科类	574	516	480	400	300
体育类	418 术240	340 术200	330 术198	300 术185	280 术180
美术类	360 术240	335 术225	328 术210	280 术195	260 术175
音乐类	350 术233	320 术210	305 术205	285 术185	260 术165

※2013年广东省艺术类术科统一考试本科资格线划定为：美术180分、音乐170分。

2012年广东省普通高校招生录取最低控制分数线/分

科类/批次	一批	二批A	二批B	三批A	三批B
文科类	589	545	502	445	300
理科类	585	523	484	400	300
体育类	424 术240	348 术200	343 术198	316 术190	293 术186
美术类	360 术240	340 术223	328 术210	280 术195	260 术180
音乐类	360 术240	324 术217	307 术210	290 术190	270 术170

※2012年广东省艺术类术科统一考试本科资格线划定为：美术180分、音乐170分。

2011年广东省普通高校招生录取最低控制分数线/分					
科类/批次	一批	二批A	二批B	三批A	三批B
文科类	580	536	489	439	350
理科类	568	504	460	383	330
体育类	398　术240	320　术200	315　术198	300　术190	285　术185
美术类	358　术245	339　术231	316　术222	300　术207	280　术185
音乐类	351　术229	300　术200	284　术192	258　术168	230　术135

※2011年广东省艺术类术科统一考试本科资格线划定为：美术188分、音乐165分。

2010年广东省普通高校招生录取最低控制分数线/分					
科类/批次	一批	二批A	二批B	三批A	三批B
文科类	595	554	518	469	350
理科类	621	567	527	460	340
体育类	463　术250	370　术210	365　术209	328　术200	317　术195
美术类	373　术240	346　术223	323　术213	298　术200	268　术178
音乐类	384　术235	339　术200	330　术195	290　术170	245　术135

※2010年广东省艺术类术科统一考试本科资格线划定为：美术188分、音乐165分。

（二）合理定位

考生应根据个人成绩的实际情况，填报相应层次的高校。定位过高，落选的几率就大。平行志愿可以适当地“高报”但绝对不能“盲报”。

（三）形成梯度

注意填报好第一组志愿，第一组志愿要注意形成梯度。

（四）慎重对待专业调剂

这一点对于平行志愿尤其重要。有人建议遵循如下两个原则：第一，根据考生对专业的敏感性来选择，如果对专业特别敏感或特别感兴趣的，就专业优先；如果对专业不敏感，读什么专业都无所谓的，就以名校优先。第二，中高分选名校，低分选专业。

（五）注意避免“扎堆”

考生要留意趋同现象，即大家集中填报在少数几间热门学校、热门专业，造成“撞车”现象。

（六）兼顾省内外高校

广东省内高校毕竟有限，尽管招生数量多，但志愿过分集中，容易产生扎堆现象。而外省优质高校数量多，教育质量高，学习氛围相对较为浓厚，利于成才。同时，报考外省高校可以丰富自己的人生阅历，培养自己的独立能力和自理能力。更为重要的是，报考外省高校的录取几率大，容易以较低的分数入读较好的学校，尤其对于一些成绩刚上批次线的，填报外省高校志愿，往往意味着增加入学机会。

最关键的一点是大多数广东省内学生都不考虑报考外省院校，导致外省院校在广东省的招生计划无法正常完成。

（七）填报志愿时的注意事项

（1）提前填写好纸质的《高考志愿表》。

（2）在规定的时间段内上网填报。出现网络问题时不要慌张，要及时与学校联系。

（3）填好后保存，所有内容确定后，一定要确认。

（4）认真核对打印的志愿表，及时发现错误，并签名确认。

往年录取工作的基本流程

（1）每年的6月底7月初，省招生办会公布分数线，上线考生可填报相应批次的高校。

（2）每批正式录取时，在第一次公布的分数线上投档，不调整分数线。剩余计划进行征集志愿。

（3）征集志愿时，划定填报征集志愿资格线，让资格线上的未录取考生补报志愿。录取时根据录取情况可适当调整分数线。

（4）志愿指导工作一般放在高考后，目的是为了避免影响考生考试。

如何了解和选择自己的专业

在进入大学之前，很多学生对专业都不太了解，单从专业名称上来理解专业的内涵是非常困难的。因此，大家可以通过以下途径了解大学相关专业。

（1）上网查询各高校所设置的专业，网址是 http://app.edu.qq.com/cgi-bin/Col-legeInfo/major。

（2）通过各高校的本科招生网进行查询。

如清华大学本科招生网（www.join-tsinghua.edu.cn），上面有很多篇关于专业介绍的文章，可以帮助学生更深入地了解院系、专业情况。

（3）通过各院系主页进行相关内容的了解。

（4）通过拨打各高校招生办公室和各院系的咨询电话进行咨询。

在专业选择上，我们应该选择与我们的价值观、兴趣和技能相关的领域作为自己的专业，因为这样可以获得最佳学业成就。一般来说，较好的成绩能使你将来有更多的选择机会。

在提高就业能力上，除了完成专业学位的要求外，你还可以做一些其他事情来提高自己的就业能力，比如通过实习、暑期工作、合作教育来增加工作经验，选择辅修的学习领域来平衡自己的专业，制作高质量的个人简历，与已经在你感兴趣的领域中工作的人建立网络联系。

活动卡

你的理想职业需要你选择的专业是：

____

你对该专业的了解是：

____

为提高就业竞争力，你需要做的准备是：

____

2015年广东省普通高校招生考生志愿表

考生号：　　　　姓名：　　　　考生签名：

批次		志愿号	院校代码	院校名称	专业1代码	专业2代码	专业3代码	专业4代码	专业5代码	专业6代码	服从其他专业
提前批录取院校(军队、武警、公安、司法、海关、师范、农林)	1批本科	1									
		2									
	2批A类	1									
		2									
	3批A类	1									
		2									
自主选拔等		自主选拔									
		艺术特长									
		高水平运动员									
		综合评价									

续上表

批次			志愿号	院校代码	院校名称	专业1代码	专业2代码	专业3代码	专业4代码	专业5代码	专业6代码	服从其他专业
重点院校招收贫困地区农村学生	第一组		A									
			B									
			C									
	第二组		A									
			B									
			C									
第一批本科院校	艺术类	统+校	1									
		校考	1									
		统考	1									
			2									
	体育类		1									
			2									
	普通类	第一组	A									
			B									
			C									
		第二组	A									
			B									
			C									
		农村卫生定向	1									

续上表

批次			志愿号	院校代码	院校名称	专业1代码	专业2代码	专业3代码	专业4代码	专业5代码	专业6代码	服从其他专业
第二批本科A类院校	艺术类	统+校	1									
		校考	1									
		统考	1									
			2									
	体育类		1									
			2									
	普通类	第一组	A									
			B									
			C									
		第二组	A									
			B									
			C									
		农村卫生定向	1									
		少数民族（班）	1									

续上表

批次			志愿号	院校代码	院校名称	专业1代码	专业2代码	专业3代码	专业4代码	专业5代码	专业6代码	服从其他专业
第二批本科B类院校	艺术类	统考	1									
			2									
		校考	1									
	体育类		1									
			2									
	普通类	第一组	A									
			B									
			C									
		第二组	A									
			B									
			C									
各类各批次预科班			1									
第三批专科A类院校	艺术类	统考	1									
			2									
		校考	1									
	体育类		1									
			2									
	普通类		1									
			2									
			3									
	农村卫生定向		1									

续上表

<table>
<tr><th colspan="3">批次</th><th>志愿号</th><th>院校代码</th><th>院校名称</th><th>专业1代码</th><th>专业2代码</th><th>专业3代码</th><th>专业4代码</th><th>专业5代码</th><th>专业6代码</th><th>服从其他专业</th></tr>
<tr><td rowspan="8">第三批专科B类院校</td><td rowspan="3">艺术类</td><td rowspan="2">统考</td><td>1</td><td></td><td></td><td></td><td></td><td></td><td></td><td></td><td></td><td></td></tr>
<tr><td>2</td><td></td><td></td><td></td><td></td><td></td><td></td><td></td><td></td><td></td></tr>
<tr><td>校考</td><td>1</td><td></td><td></td><td></td><td></td><td></td><td></td><td></td><td></td><td></td></tr>
<tr><td colspan="2" rowspan="2">体育类</td><td>1</td><td></td><td></td><td></td><td></td><td></td><td></td><td></td><td></td><td></td></tr>
<tr><td>2</td><td></td><td></td><td></td><td></td><td></td><td></td><td></td><td></td><td></td></tr>
<tr><td colspan="2" rowspan="3">普通类</td><td>1</td><td></td><td></td><td></td><td></td><td></td><td></td><td></td><td></td><td></td></tr>
<tr><td>2</td><td></td><td></td><td></td><td></td><td></td><td></td><td></td><td></td><td></td></tr>
<tr><td>3</td><td></td><td></td><td></td><td></td><td></td><td></td><td></td><td></td><td></td></tr>
<tr><td colspan="3" rowspan="2">高职类“3+证书”中职生</td><td>1</td><td></td><td></td><td></td><td></td><td></td><td></td><td></td><td></td><td></td></tr>
<tr><td>2</td><td></td><td></td><td></td><td></td><td></td><td></td><td></td><td></td><td></td></tr>
<tr><td colspan="3" rowspan="2">高职类“3+证书”</td><td>1</td><td></td><td></td><td></td><td></td><td></td><td></td><td></td><td></td><td></td></tr>
<tr><td>退役士兵</td><td></td><td></td><td></td><td></td><td></td><td></td><td></td><td></td><td></td></tr>
</table>

注：（1）“自主选拔等”栏中有四类志愿，具备资格的考生只能填报其中一类一所院校。符合相关高校自主选拔、高水平运动员、艺术特长生、招生资格的考生，以及符合广东省高考基础上的综合评价录取改革试点院校录取资格的考生，应在志愿表的“自主选拔等”栏目中填报一所相应高校志愿。

（2）“各类预科班”栏中含少数民族预科班、“三侨一台”预科班、边防军人子女预科班等类别，符合条件的考生只能填报其中一类一所院校。

（3）“少数民族（班）”是指经省民宗委核定并经省招生办公示的少数民族聚居区少数民族考生，符合条件的考生可报考只招民族生的院校专业。

（4）符合我省面向贫困地区（省委省政府确定的21个扶贫开发重点县）农村学生专项计划报考条件的学生，可在“重点院校招收贫困地区农村学生”栏填报相关院校，并向报名点提交居民户口簿原件和复印件。

（5）符合订单定向培养农村卫生人才条件的考生，可在第一批本科、第二批本科A类、第三批专科A类的“农村卫生定向”栏填报相关高校，并在录取后签订相关协议。

（6）本表仅供网上报志愿时录入用，考生志愿以网上确认为准。考生志愿一经确认，不得更改。

书香漂流——因快乐而分享

接力人班级：　　　　　　　　姓名：　　　　　　　　时间：

签名：

教师评语：

成绩评定：　　　　优秀　　　　良好　　　　合格　　　　不合格

书香漂流——因快乐而分享

接力人班级：　　　　　　姓名：　　　　　　时间：

签名：

教师评语：

成绩评定：　　优秀　　良好　　合格　　不合格

书香漂流——因快乐而分享

接力人班级：　　　　　　　姓名：　　　　　　　时间：

____

____

____

____

____

____

____

____

____

____

____

____

____

____

____

____

签名：

教师评语：________________________________

____

成绩评定：　　优秀　　良好　　合格　　不合格

书香漂流——因快乐而分享

接力人班级：　　　　　　姓名：　　　　　　时间：

签名：

教师评语：

成绩评定：　　优秀　　良好　　合格　　不合格